Labirinti della Verità: Svelare, Comprendere e Sfatare le Teorie della Cospirazione nell'Era della Disinformazione Digitale

Dalla Storia Segreta degli Illuminati ai Misteri della Pandemia: Una Guida Essenziale e Approfondita per Navigare nel Mare delle Fake News, Decodificare i Messaggi Nascosti e Costruire un Pensiero Critico nell'Età Moderna

Cospirazioni Moderne

1. **Introduzione**
   - Definizione di "teoria della cospirazione".
   - Perché queste teorie sono così attraenti?
2. **Storia delle teorie della cospirazione**
   - Cenni storici.
   - Come si sono evolute nel tempo.
3. **Definizione del "Nuovo Ordine Mondiale"**
   - Origini del termine.
   - Significati diversi nel corso del tempo.
4. **Mezzi di diffusione**
   - Il ruolo dei media tradizionali.
   - L'impatto dei social media.
5. **Teorie della cospirazione popolari**
   - Illuminati.
   - Controllo della popolazione.
   - Ufologia e cospirazioni extraterrestri.
6. **Fattori psicologici**
   - Perché le persone credono nelle teorie della cospirazione?
   - La necessità di trovare un nemico.
7. **Impatto sulla società**
   - Diffidenza verso le istituzioni.
   - Influenza sulle decisioni politiche.

Introduzione

In un mondo complesso e in rapido cambiamento, dove l'informazione è sempre più accessibile ma spesso distorta, la necessità di comprensione e chiarezza non è mai stata così forte. Proprio in questo contesto fioriscono le teorie della cospirazione, che promettono spiegazioni semplici a domande complesse, pur essendo spesso fondate su premesse discutibili.

Definizione di "teoria della cospirazione"

Una "teoria della cospirazione" può essere definita come una credenza o una spiegazione che suggerisce che eventi o situazioni sono il risultato di attività segrete, malevole e orchestratamente pianificate da un gruppo o da un'entità potente, piuttosto che il frutto di cause visibili, pubbliche o naturali. In generale, queste teorie sostengono che ciò che viene presentato al pubblico come la "verità" sia in realtà una menzogna, coperta da coloro che traggono beneficio dalla disinformazione.

Perché queste teorie sono così attraenti?

Le teorie della cospirazione affascinano per una serie di motivi:

1. **Semplificazione**: In un mondo complesso, queste teorie offrono spiegazioni semplici e dirette a problemi grandi e complessi. Se qualcosa non va, è colpa di un "loro", un gruppo oscuro e potente che opera nell'ombra.
2. **Senso di controllo**: Accettare che il mondo sia caotico e imprevedibile può essere spaventoso. Credere in una teoria della cospirazione può dare la sensazione di avere una comprensione superiore degli eventi, anche se basata su premesse false.
3. **Affiliazione**: Credere in una teoria della cospirazione può creare un senso di appartenenza. I "consapevoli" formano una sorta di élite che detiene una "verità" nascosta alla massa.
4. **Conferma delle proprie credenze**: Queste teorie spesso rafforzano convinzioni preesistenti. Ad esempio, se qualcuno è diffidente nei confronti del governo, una teoria che sostiene che il governo nasconda la verità sarà particolarmente attraente.

5. **Empowerment**: Defendersi da poteri apparentemente onnipotenti dà un senso di resistenza e ribellione.

L'attrattiva delle Teorie della Cospirazione: Un'Analisi Approfondita

Nel tentativo di comprendere l'inesauribile attrazione delle teorie della cospirazione, è essenziale scavare in profondità nelle radici psicologiche, storiche e sociali che danno vita a tali credenze. Oltre ai fattori precedentemente citati, ci sono molte altre sfaccettature che contribuiscono all'attrazione di queste teorie.

Origini Storiche

Il bisogno di trovare colpevoli o spiegazioni alternative a eventi traumatici o incomprensibili ha radici storiche profonde. Dai tempi antichi, le società cercavano spiegazioni per eventi inaspettati o catastrofici. Le cospirazioni erano un modo per attribuire questi eventi a cause umane piuttosto che a forze incontrollabili o divine.

La Biologia della Paura

Dal punto di vista biologico, gli esseri umani sono programmati per percepire minacce. Questo meccanismo di sopravvivenza può rendere le persone inclini a vedere intenzioni nascoste anche quando non esistono. In un ambiente moderno, dove le minacce fisiche sono minori, questa predisposizione può tradursi in una ricerca di "minacce invisibili", come quelle suggerite dalle teorie della cospirazione.

Il Desiderio di Unicità

La teoria dell'unicità personale suggerisce che le persone hanno un bisogno innato di sentirsi speciali o uniche. Credere in una teoria della cospirazione può soddisfare questo bisogno, permettendo all'individuo di sentirsi in possesso di conoscenze esclusive.

Il Ruolo della Distrust

La diffidenza verso le autorità o le istituzioni può predisporre le persone a credere in teorie alternative. Questo scetticismo può derivare da esperienze passate di inganno o corruzione da parte di entità potenti.

Conferma Bias

Gli esseri umani sono inclini a cercare, interpretare e ricordare le informazioni in modo che confermino le proprie credenze preesistenti. Ciò rende le persone particolarmente vulnerabili alla disinformazione che allinea le teorie della cospirazione con le loro convinzioni.

Esclusione Sociale

Gli individui che si sentono emarginati o esclusi dalla società possono essere particolarmente inclini a credere nelle teorie della cospirazione, poiché queste offrono una spiegazione del perché si sentono alienati.

Influenza Culturale

Alcune culture o società potrebbero essere più inclini alle cospirazioni a causa di una storia di oppressione, colonialismo o ingiustizia. In questi contesti, le teorie della cospirazione possono sembrare più plausibili poiché c'è un precedente storico di inganno da parte di poteri dominanti.

Narrative e Storytelling

Le storie sono un potente mezzo attraverso cui gli esseri umani danno senso al mondo. Le teorie della cospirazione, spesso raccontate come narrazioni avvincenti di eroi e cattivi, possono essere molto più attraenti di spiegazioni più complesse o nuance.

Conclusioni

L'attrazione delle teorie della cospirazione è multifattoriale e complessa. Mentre la loro prevalenza può preoccupare, è essenziale comprendere le motivazioni dietro queste credenze per poterle affrontare efficacemente. Attraverso l'istruzione, la sensibilizzazione e la promozione del pensiero critico, si può sperare di contrastare l'ascesa e l'attrattiva di queste teorie nell'era moderna.

Storia delle Teorie della Cospirazione

Le teorie della cospirazione non sono un fenomeno moderno; sono esistite per secoli, se non millenni. Anche se le narrazioni specifiche e i dettagli cambiano, le basi di questi sospetti e le convinzioni sono rimaste costanti nel tempo.

Cenni Storici

1. **Antichità**: Già nell'antica Roma, le cospirazioni erano all'ordine del giorno. Uno degli esempi più famosi è la congiura di Catilina, un tentativo fallito di rovesciare la Repubblica Romana. Questi episodi reali di cospirazione alimentavano la paranoia e la diffidenza nei confronti dei leader e delle figure potenti.
2. **Medioevo**: Durante il Medioevo, le cospirazioni legate alla religione erano particolarmente predominanti. Le accuse di eresia e le caccie alle streghe erano spesso alimentate da teorie della cospirazione. Gli ebrei, in particolare, erano spesso falsamente accusati di complotti, come il famigerato "omicidio rituale".
3. **Età Moderna**: La Rivoluzione Francese e l'assassinio di re Luigi XVI hanno dato luogo a molte teorie. La Freemasonry e gli Illuminati, entrambi gruppi esoterici, sono diventati il foco di numerose teorie della cospirazione che li accusavano di cercare di stabilire un nuovo ordine mondiale.
4. **XX Secolo**: Il secolo scorso ha visto una proliferazione di teorie della cospirazione. L'assassinio di JFK, l'incidente di Roswell e l'attacco dell'11 settembre sono solo alcuni esempi. La Guerra Fredda ha anche portato con sé un'intera serie di cospirazioni, con entrambe

le parti che si accusavano a vicenda di spionaggio e sabotaggio.

Come si sono evolute nel tempo

1. **Mezzi di Comunicazione**: Con l'avvento della stampa, radio, televisione e, più recentemente, internet, le teorie della cospirazione sono diventate più diffuse e accessibili. Il web, in particolare, ha permesso una diffusione virale di queste teorie.
2. **Complessità Sociale**: Man mano che le società sono diventate più complesse, anche le cospirazioni sono diventate più intricate. Ad esempio, mentre una cospirazione nell'antica Roma potrebbe coinvolgere una manciata di senatori, una teoria moderna potrebbe implicare intere agenzie governative o multinazionali.
3. **Risposta Istituzionale**: Inizialmente, le teorie della cospirazione erano spesso viste come una minaccia diretta al potere e venivano represse. Oggi, mentre alcune teorie sono ancora viste con sospetto dalle autorità, altre sono semplicemente ridicolizzate o ignorate.
4. **Globalizzazione**: Con il mondo sempre più interconnesso, le teorie della cospirazione non sono più confinate a una singola nazione o cultura. Teorie nate in un paese possono

rapidamente diffondersi e adattarsi a contesti
completamente diversi.

5. **Scientificità**: Nel XX secolo, molte teorie della
cospirazione hanno iniziato a rivestirsi di una
vernice di "scientificità", citando studi falsi o
interpretazioni errate della ricerca per
legittimare le loro affermazioni.

Mentre avanziamo nella comprensione della
storia delle teorie della cospirazione, diventa
evidente come questi racconti e narrazioni
abbiano giocato un ruolo cruciale nel modellare
la percezione pubblica degli eventi.

Le teorie della cospirazione, infatti, spesso
nascono in risposta a eventi traumatici o
incomprensibili. Prendendo, ad esempio,
l'assassinio di Abraham Lincoln: mentre
l'assassino, John Wilkes Booth, e i suoi complici
furono rapidamente identificati e perseguiti,
sorsero teorie che suggerivano che ci fossero
forze più grandi all'opera, che il governo stesso
potesse essere coinvolto o che ci fossero motivi
nascosti dietro l'assassinio.

Questo modello si è ripetuto in innumerevoli
occasioni. Dopo la morte della principessa
Diana, nonostante ci fossero prove schiaccianti

che indicavano un tragico incidente, sorsero teorie che implicavano il coinvolgimento della famiglia reale britannica, dei servizi segreti e di altre entità. La necessità di trovare un significato, un motivo o un colpevole dietro eventi tragici è profondamente radicata nella psicologia umana.

Un altro fattore che ha influenzato l'evoluzione delle teorie della cospirazione è la dinamica del potere e della resistenza. Spesso, le teorie della cospirazione emergono come un modo per le persone comuni di sfidare o interrogare le narrazioni ufficiali presentate dalle élite al potere. Questo può essere visto come un tentativo di ribilanciare il potere, offrendo una voce ai marginalizzati o ai sospettosi.

Inoltre, le teorie della cospirazione si sono adattate e mutate con le innovazioni tecnologiche. Mentre una volta erano veicolate attraverso la parola parlata, libri o lettere, oggi internet e i social media hanno dato a queste teorie una portata e una velocità senza precedenti. Questo ha avuto sia vantaggi che svantaggi. Da un lato, ciò ha permesso alle persone di condividere e discutere queste teorie in comunità più ampie, fornendo una piattaforma per la verifica e l'analisi collettiva.

D'altra parte, ha anche facilitato la diffusione di informazioni errate e non verificate, rendendo più difficile distinguere la realtà dalla finzione.

È interessante notare come alcune teorie della cospirazione, inizialmente ridicolizzate o respinte, in alcuni rari casi siano state in seguito validate. Questi rari eventi hanno rafforzato la credibilità di altre teorie, anche se non avevano fondamento. Ad esempio, le rivelazioni sul programma MKUltra della CIA, un programma segreto di controllo mentale durante la Guerra Fredda, ha dato credibilità a molte altre teorie sulla manipolazione governativa, anche se non erano direttamente correlate.

La cultura popolare ha anche giocato un ruolo significativo nell'evoluzione e nella diffusione delle teorie della cospirazione. Film, libri e programmi televisivi che trattano di cospirazioni, sia reali che immaginarie, hanno amplificato l'interesse del pubblico e, in alcuni casi, hanno confuso la linea tra finzione e realtà. Questa mescolanza di realtà e finzione ha ulteriormente complicato gli sforzi per svelare la verità dietro molti eventi e fenomeni.

Il crescente impatto delle multinazionali e dell'interconnessione globale nel XX e XXI secolo ha anche aperto la porta a teorie della cospirazione di portata internazionale. Organizzazioni come l'ONU, la Banca Mondiale o persino aziende globali sono state spesso al centro di teorie che le accusano di complotti per il dominio mondiale o per la manipolazione di economie e governi. Queste teorie riflettono le preoccupazioni e le insicurezze delle persone in un mondo sempre più globalizzato, dove le decisioni prese a migliaia di miglia di distanza possono avere un impatto diretto sulla vita quotidiana delle persone.

L'interazione tra teorie della cospirazione e politica è un altro aspetto fondamentale da considerare. Nel corso della storia, diverse figure politiche, sia al potere che all'opposizione, hanno utilizzato queste teorie come strumenti per raggiungere vari obiettivi. Sia per delegittimare gli avversari sia per rafforzare il proprio potere, le cospirazioni sono diventate armi di manipolazione di massa.

Durante la Guerra Fredda, ad esempio, sia l'Est che l'Ovest utilizzavano teorie della cospirazione per dipingere l'altro come una minaccia insidiosa, spesso associando gli avversari a complotti di vasta portata. Le operazioni di disinformazione, progettate per seminare discordia o creare falso allarme, spesso avevano alla base teorie cospiratorie create ad hoc.

Nei regimi totalitari o autoritari, le teorie della cospirazione sono state frequentemente utilizzate per giustificare purghe, repressioni o perfino genocidi. Creando un nemico invisibile e onnipresente, il potere può giustificare azioni altrimenti ingiustificabili e mantenere una popolazione in uno stato di paura e dipendenza dal governo.

Le teorie della cospirazione hanno anche influenzato movimenti sociali e rivoluzionari. A volte, questi movimenti nascono in risposta a percezioni reali di ingiustizia, ma le teorie cospiratorie possono esasperare le tensioni, fornendo una spiegazione semplice e monolitica per problemi complessi. In tal modo, invece di affrontare le sfumature e la complessità delle questioni sociali, economiche o politiche, le persone possono trovare conforto in una narrazione che identifica chiaramente i "buoni" e i "cattivi".

Con l'avvento dell'era digitale, la velocità e la facilità con cui le teorie della cospirazione possono essere create e diffuse hanno raggiunto livelli senza precedenti. I forum online, i blog e i siti di social media diventano ecosistemi autosufficienti in cui le teorie possono essere condivise, discusse e amplificate senza la necessità di verifica o di un controllo critico. Questo ambiente, combinato con l'effetto della "bolla di filtro" – in cui gli individui sono esposti principalmente a informazioni che rafforzano le loro credenze preesistenti – ha creato una situazione in cui le teorie cospiratorie possono prosperare e radicalizzarsi senza opposizione.

Un altro aspetto degno di nota è il ruolo delle teorie della cospirazione nell'economia. Alcune persone hanno scoperto che alimentare o promuovere queste teorie può essere lucrativo. Questo può avvenire attraverso la vendita di libri, la monetizzazione di video su piattaforme come YouTube o persino attraverso la vendita di prodotti che promettono di proteggere da presunte minacce cospiratorie.

Il potere delle teorie della cospirazione risiede anche nella loro capacità di dare un senso di appartenenza. In un mondo che può sembrare caotico o incomprensibile, credere in una teoria cospiratoria può fornire un senso di ordine e di scopo. Offre anche una comunità di simili credenti, un gruppo che condivide una "verità" nascosta alla massa. Questo senso di appartenenza e di superiorità può essere profondamente seducente, soprattutto in tempi di incertezza o di cambiamento.

Infine, mentre molte teorie della cospirazione sono infondate, esiste sempre il pericolo di respingere automaticamente qualsiasi suggerimento di cospirazione come pura fantasia. Storicamente, ci sono stati veri complotti che sono stati inizialmente ridicolizzati o respinti, solo per essere poi rivelati come veritieri. La sfida, quindi, è trovare un equilibrio tra uno scetticismo sano e una mente aperta, riconoscendo che in un mondo complesso, non tutto è sempre come sembra.

La storia delle teorie della cospirazione è intrinsecamente intrecciata con la storia dell'umanità stessa. Queste teorie sono emerse e si sono sviluppate come risposta ai nostri bisogni più profondi di dare un senso al mondo, di trovare ordine nel caos e di assegnare un significato a eventi spesso incomprensibili o traumatici. Questi bisogni psicologici sono stati alimentati e amplificati dalla dinamica del potere, dalla politica e dalla cultura, e sono diventati più complessi con l'avvento delle nuove tecnologie e dell'era dell'informazione.

Nel corso degli anni, abbiamo visto come le teorie della cospirazione abbiano influenzato non solo le percezioni individuali, ma anche gli eventi storici di grande rilievo, guidando politiche, scatenando rivoluzioni e modellando il corso della storia. L'interplay tra realtà e finzione, tra verità e disinformazione, ha reso sempre più sfumate le linee di demarcazione, spingendo la società a sfidare continuamente le sue stesse convinzioni e a interrogare le narrazioni accettate.

L'avvento del digitale ha accelerato la diffusione delle teorie cospiratorie, democratizzando l'accesso all'informazione ma anche complicando il compito di distinguere fatti da finzione. In un'epoca in cui ogni individuo ha la capacità di diventare un emittente di contenuti, la responsabilità della verifica e del discernimento spesso ricade sull'individuo stesso, rendendo imperativo educare le masse sul pensiero critico e sulla media literacy.

Economia, psicologia, cultura e tecnologia sono tutti fattori che giocano un ruolo nel perpetuare le teorie della cospirazione. Ma, in mezzo a tutto questo, emerge un punto cruciale: mentre molte teorie della cospirazione possono essere facilmente smontate con prove concrete, è essenziale mantenere un'apertura mentale e non respingere ogni teoria come irrilevante o ridicola. La storia ci ha dimostrato che, in rari ma significativi casi, ciò che può sembrare una cospirazione potrebbe effettivamente avere un fondamento di verità.

Concludendo, le teorie della cospirazione sono un fenomeno complesso e stratificato, radicato in bisogni umani profondi e alimentato da una miriade di fattori esterni. Comprendere la loro origine, la loro evoluzione e il loro impatto è fondamentale non solo per navigare nel complesso paesaggio informativo di oggi, ma anche per costruire una società più informata, resiliente e coesa.

2. Storia delle teorie della cospirazione

• Cenni storici:

Le teorie della cospirazione non sono un fenomeno moderno. Esse hanno radici profonde nella storia umana, manifestandosi in diverse forme e contesti attraverso i secoli.

- **Antichità:** Le cospirazioni possono essere rintracciate fino all'antichità. Ad esempio, nei tempi antichi, si riteneva che certi eventi naturali fossero il risultato di complotti degli dei. L'assassinio di Giulio Cesare è un altro esempio antico di teoria cospirativa, con molte speculazioni sulle reali motivazioni e sui possibili mandanti dietro l'atto.
- **Medioevo:** Nel Medioevo, le teorie della cospirazione spesso ruotavano attorno alla religione e al potere. Le accuse di stregoneria o di eresia, ad esempio, erano spesso radicate in credenze cospiratorie. Inoltre, le accuse contro gli ebrei, come quella di avvelenare i pozzi, sono un altro esempio di cospirazione di questo periodo.

- **Epoca Moderna:** Con l'illuminismo e la crescita della stampa, le teorie della cospirazione hanno iniziato a diffondersi più ampiamente. La Rivoluzione Francese, ad esempio, fu accompagnata da numerose teorie riguardanti complotti sia interni che esterni.

• Come si sono evolute nel tempo:

Con il passare del tempo, le teorie della cospirazione hanno subito una trasformazione, sia nella loro natura che nella modalità di diffusione.

- **Innovazione Tecnologica:** Con l'avvento della stampa, e successivamente dei mezzi di comunicazione di massa come la radio, la televisione e Internet, le teorie della cospirazione hanno trovato nuovi canali di diffusione. La rete in particolare ha accelerato la velocità con cui queste idee possono propagarsi, dando loro una portata globale.
- **Complessità Sociale:** Man mano che le società diventavano più complesse, anche le teorie della cospirazione diventavano più

intricate. Ad esempio, nel XX secolo, con eventi come l'assassinio di JFK o gli attacchi dell'11 settembre, le teorie della cospirazione si sono intrecciate con geopolitica, spionaggio e dinamiche di potere internazionale.

- **Cultura Pop:** Nel XX e XXI secolo, le teorie della cospirazione sono diventate anche un elemento culturale. Film, libri e programmi televisivi hanno spesso trattato questi temi, a volte alimentando ulteriormente le speculazioni.
- **Reazione a Crisi:** Le teorie della cospirazione tendono a fiorire in tempi di crisi o incertezza. La pandemia di COVID-19, ad esempio, ha generato una serie di teorie cospiratorie riguardanti l'origine del virus, i vaccini e le misure di lockdown.

Nel corso dei secoli, mentre le teorie della cospirazione si sono adattate e mutate, il nucleo centrale rimane: la necessità umana di trovare risposte, spesso in luoghi oscuri o nascosti, in un tentativo di dare un senso al mondo che ci circonda.

Il tessuto delle teorie della cospirazione è fortemente legato alle sfumature culturali e sociopolitiche delle diverse epoche storiche. Se prendiamo, ad esempio, il periodo della Riforma in Europa, le teorie della cospirazione circolavano ampiamente tra cattolici e protestanti, ognuno accusando l'altro di complotti nefasti per controllare le masse e manipolare la dottrina religiosa.

Nell'era coloniale, le potenze europee che esploravano e colonizzavano nuove terre erano spesso viste con sospetto dai popoli indigeni e da altre nazioni europee. Teorie cospiratorie riguardanti la vera natura delle loro missioni, i piani segreti per sottomettere popoli e territori, e le competizioni per le risorse, fiorivano.

Con l'espansione dell'Impero Britannico, ad esempio, molti credevano che ci fosse un piano nascosto per dominare il mondo. Queste idee cospiratorie non erano del tutto infondate, visto il vasto territorio che l'Impero stava accumulando, ma erano spesso esagerate e basate su paure piuttosto che su fatti concreti.

Nel XIX secolo, con la rivoluzione industriale, emersero nuove teorie della cospirazione. Il cambiamento radicale portato dalla meccanizzazione e l'urbanizzazione hanno dato vita a paure relative alla perdita di autonomia e controllo. Queste preoccupazioni hanno alimentato teorie sulla possibile manipolazione da parte dei baroni dell'industria o delle élite finanziarie. Le storie di società segrete, come i Illuminati o i Massoni, che operavano dietro le quinte per controllare le economie e i governi, divennero particolarmente popolari.

Il XX secolo ha poi visto un'esplosione di teorie della cospirazione legate alla Guerra Fredda. L'ostilità tra Est e Ovest ha alimentato numerosi racconti di spionaggio, sabotaggio e infiltrazioni. Si credeva che ogni superpotenza stesse lavorando segretamente per minare l'altra, e la paranoia era palpabile. Questo periodo ha anche visto la nascita di teorie riguardanti avvistamenti di UFO e incontri con extraterrestri, spesso collegati a presunti cover-up governativi.

Con il declino della Guerra Fredda e l'emergere della globalizzazione, le teorie della cospirazione hanno iniziato a concentrarsi su organizzazioni internazionali come le Nazioni Unite o il Gruppo Bilderberg. Alcuni sostengono che queste entità stiano lavorando per creare un unico governo mondiale, mentre altri vedono complotti nel tentativo di controllare le risorse globali o di manipolare eventi economici.

L'avvento della tecnologia digitale ha poi offerto una piattaforma senza precedenti per la diffusione e l'amplificazione delle teorie della cospirazione. La possibilità di condividere informazioni in tempo reale e di collegarsi con persone di idee affini in tutto il mondo ha dato voce a molte teorie, alcune delle quali erano precedentemente confinate a nicchie estremamente ristrette. La disinformazione, le fake news e la manipolazione delle informazioni hanno raggiunto livelli senza precedenti, rendendo sempre più difficile per l'individuo medio distinguere tra fatti e finzione.

Nel corso del XXI secolo, abbiamo visto un aumento delle teorie della cospirazione legate al cambiamento climatico, alla biotecnologia e alle innovazioni scientifiche. La rapidità dei progressi in questi settori ha portato molti a speculare sulle vere intenzioni dietro tali avanzamenti. Allo stesso tempo, l'emergere di pandemie globali come il COVID-19 ha riportato in primo piano teorie cospiratorie riguardanti la creazione di virus in laboratorio o complotti farmaceutici.

L'interplay tra eventi storici, sviluppi tecnologici e bisogni psicologici umani ha garantito che le teorie della cospirazione rimanessero una costante, seppur mutevole, nella storia umana. Mentre le circostanze e i dettagli specifici possono cambiare, la tendenza a cercare pattern nascosti, agenti segreti e forze oscure dietro gli eventi mondiali persiste. E mentre le teorie della cospirazione possono spesso essere facilmente smentite, la loro persistenza nel tessuto della società riflette profonde insicurezze, paure e desideri di comprendere un mondo in continua evoluzione.

In aggiunta a quanto già discusso, è interessante osservare come le teorie della cospirazione si sono manifestate in diverse culture e regioni del mondo, mostrando un mix di temi universali e preoccupazioni locali specifiche. Mentre in Occidente si potrebbero citare i Illuminati o i complotti riguardanti la morte di personalità come Marilyn Monroe, in altre parti del mondo le teorie della cospirazione hanno una sfumatura locale distinta.

Nel Medio Oriente, ad esempio, le teorie della cospirazione spesso ruotano attorno ai conflitti regionali, agli interventi stranieri e alle tensioni religiose. Si potrebbe trovare chi crede fermamente che ci siano complotti dietro le quinte orchestrati da potenze occidentali per controllare le risorse petrolifere o manipolare la politica regionale. Le rivoluzioni e i colpi di stato spesso alimentano queste teorie, poiché la popolazione cerca di trovare un senso di eventi tumultuosi e spesso tragici.

In Asia, le teorie della cospirazione possono centrarsi su temi come la supremazia regionale, i conflitti territoriali e la diffusione del soft power. Ad esempio, le tensioni tra India e Cina hanno dato origine a diverse teorie, così come le questioni legate al Mar Cinese Meridionale. Anche l'influenza culturale e tecnologica del Giappone durante il XX secolo, seguita dalla sua ascesa e caduta economica, ha dato spazio a numerose speculazioni e narrazioni cospiratorie.

In Africa, le teorie della cospirazione sono spesso legate ai legami post-coloniali, alle risorse naturali come i diamanti o le terre rare e ai rapidi cambiamenti politici. L'ingerenza di potenze straniere, l'espansione delle multinazionali e le questioni legate ai diritti umani alimentano tali teorie. Il continente ha una storia complessa di interferenze esterne, sfruttamento e resistenza, che fornisce un fertile terreno per la nascita di teorie cospiratorie.

L'America Latina, con le sue rivoluzioni, i suoi colpi di stato e la sua storia di ingerenze da parte di potenze straniere, in particolare dagli Stati Uniti durante la Guerra Fredda, ha una ricca tradizione di teorie della cospirazione. L'Operazione Condor, un'operazione segreta tra vari governi dell'America del Sud per combattere l'insurrezione comunista, è solo un esempio di come la realtà possa talvolta superare la finzione. Inoltre, figure come Che Guevara, Fidel Castro e molti altri leader latinoamericani sono spesso al centro di teorie cospiratorie che cercano di decifrare i veri motivi dietro le loro azioni e le loro morti.

Nella modernità, l'interconnessione globale e la diffusione di tecnologie di comunicazione hanno permesso una fusione di teorie cospiratorie provenienti da diverse parti del mondo. Questo mix globale ha dato origine a narrazioni ancora più complesse e intricate. Teorie che una volta erano confinate in una particolare regione ora trovano risonanza a migliaia di chilometri di distanza. Questo fenomeno ha amplificato la portata e l'impatto di tali teorie, creando un terreno comune per le persone di diversi background culturali e geografici.

Inoltre, l'intersezione di queste teorie con la cultura popolare ha ulteriormente confuso la linea tra realtà e finzione. Con il cinema, la letteratura e le serie TV che spesso attingono da teorie cospiratorie reali per creare trame avvincenti, è diventato sempre più difficile per il pubblico discernere dove finisce la realtà e dove inizia la fantasia. Questo intricato intreccio ha portato a un'ulteriore diffusione e accettazione di tali teorie in società che altrimenti potrebbero essere state scettiche.

Infine, non si può ignorare il ruolo delle piattaforme di social media. Con algoritmi progettati per massimizzare l'engagement, spesso si finisce per creare camere d'eco, dove le persone sono esposte principalmente a informazioni che rafforzano le loro preesistenti convinzioni e paure. In un ambiente del genere, le teorie della cospirazione possono fiorire indisturbate, alimentando divisioni e sfiducia in istituzioni e verità stabilite.

3. Definizione del "Nuovo Ordine Mondiale"

Il termine "Nuovo Ordine Mondiale" (NOM) ha avuto diversi significati nel corso degli anni e può riferirsi sia a una reale evoluzione politica e geopolitica che a teorie cospiratorie popolari. Ecco una definizione dettagliata:

Nuovo Ordine Mondiale (NOM)

Definizione Geopolitica: In un contesto storico e geopolitico, il termine "Nuovo Ordine Mondiale" è stato utilizzato per descrivere cambiamenti fondamentali nel potere politico e nelle relazioni internazionali. Spesso è stato evocato in periodi di grandi cambiamenti o sconvolgimenti globali.

- **Dopo la Prima Guerra Mondiale**: L'uso del termine può essere rintracciato ai tempi successivi alla Prima Guerra Mondiale, quando le nazioni cercavano di creare un nuovo equilibrio di potere e prevenire futuri conflitti. Questo desiderio si è manifestato nella creazione della Società delle Nazioni.
- **Dopo la Seconda Guerra Mondiale**: Il termine è stato nuovamente utilizzato nel periodo successivo alla Seconda Guerra Mondiale, specialmente da personalità come Winston Churchill. Il "Nuovo Ordine Mondiale" di quel periodo era caratterizzato dalla nascita delle Nazioni Unite, dalla divisione del mondo in blocchi orientale e occidentale durante la

Guerra Fredda, e dalla decolonizzazione dell'Africa e dell'Asia.

- **Fine della Guerra Fredda**: Negli anni '90, dopo il collasso dell'Unione Sovietica, il termine è stato nuovamente evocato per descrivere un mondo unipolare dominato dagli Stati Uniti, con l'ascesa di nuovi poteri economici come la Cina e l'India.

Teorie Cospiratorie: Dall'altro lato, nelle teorie cospiratorie, il "Nuovo Ordine Mondiale" si riferisce spesso a un presunto piano segreto orchestrato da élite globali per instaurare un governo mondiale unificato, che avrebbe il controllo totale su tutti gli aspetti della vita umana. Queste teorie sono spesso legate a temi come:

- Controllo globale: L'idea che un piccolo gruppo di élite potenti stia lavorando dietro le quinte per instaurare un unico governo mondiale.
- Simbologia: I sostenitori di queste teorie spesso citano simboli, come l'occhio onniveggente o la piramide, come prova di questi piani segreti. Questi simboli sono visti in banconote, edifici, e altri luoghi, interpretati come manifestazioni dell'influenza occulta del NOM.
- Organizzazioni: Entità come le Nazioni Unite, il Fondo Monetario Internazionale, il Gruppo

Bilderberg, i Massoni e i Rothschild vengono spesso citati come strumenti o protagonisti di questo presunto complotto.

- Eventi globali: Ogni grande crisi o evento internazionale, come le guerre, le crisi finanziarie, o le pandemie, sono visti da alcuni come passi verso l'istituzione di questo ordine mondiale.

Va sottolineato che, mentre la dinamica geopolitica è un campo di studio legittimo basato su fatti e analisi storiche, le teorie cospiratorie del Nuovo Ordine Mondiale sono spesso basate su speculazioni, interpretazioni errate e disinformazione. La comprensione del termine "Nuovo Ordine Mondiale", quindi, dipende fortemente dal contesto in cui viene utilizzato.

Il concetto del "Nuovo Ordine Mondiale" non è solo radicato nella politica e nelle teorie della cospirazione, ma ha anche delle implicazioni culturali, economiche e sociali profonde. L'idea stessa di un cambiamento radicale nell'ordine del mondo evoca preoccupazioni riguardo alla sovranità, alla cultura, e all'identità.

Dal punto di vista economico, l'ascesa della globalizzazione è stata spesso associata al concetto di un Nuovo Ordine Mondiale. L'integrazione economica, l'ascesa delle multinazionali e la fluidità del capitale attraverso le frontiere hanno ridotto il potere dei singoli stati nazione di controllare completamente le proprie economie. Questa perdita di controllo ha alimentato paure e speculazioni. Alcuni vedono in questo un piano deliberato per centralizzare il potere economico, mentre altri lo vedono come un'evoluzione naturale del capitalismo e della tecnologia.

La tecnologia, in particolare l'avvento dell'era digitale, ha avuto un ruolo fondamentale nella formazione delle percezioni del Nuovo Ordine Mondiale. La rapidità con cui le informazioni possono ora essere condivise e diffuse ha trasformato il modo in cui le persone percepiscono il mondo attorno a loro. L'Internet ha dato voce a molti che prima non ne avevano una, permettendo la formazione di comunità e gruppi di pensiero che spesso sfidano le narrazioni tradizionali. Questa democratizzazione dell'informazione ha anche aperto la porta a disinformazione e manipolazione, creando un ambiente fertile per la proliferazione di teorie cospiratorie.

Sul piano culturale, l'idea di un Nuovo Ordine Mondiale solleva preoccupazioni riguardo all'omogeneizzazione delle culture e alla perdita di identità culturali uniche. In un mondo sempre più interconnesso, c'è la preoccupazione che le culture dominanti possano sopraffare e sostituire le culture minori, portando a un mondo più uniforme ma anche meno ricco. Questa tensione tra globalizzazione e conservazione culturale ha alimentato molte discussioni e dibattiti sul futuro del multiculturalismo.

Il concetto di Nuovo Ordine Mondiale si intreccia anche con altre ideologie e movimenti. Ad esempio, l'ambientalismo e le preoccupazioni per il cambiamento climatico hanno portato alcuni a chiedere una risposta globale coordinata ai problemi ambientali. Questa richiesta di cooperazione internazionale, per alcuni, potrebbe sembrare un passo verso un governo mondiale, alimentando ulteriormente le teorie cospiratorie.

Anche le religioni hanno avuto un ruolo nella formazione del concetto di Nuovo Ordine Mondiale. Alcune interpretazioni escatologiche del cristianesimo, dell'islam e di altre religioni vedono l'emergere di un governo mondiale come un segno dei tempi finali. Questi riferimenti religiosi hanno profondamente influenzato la percezione e l'accettazione delle teorie del Nuovo Ordine Mondiale in diverse comunità.

Mentre il mondo continua a evolversi e a confrontarsi con nuove sfide e opportunità, l'idea di un Nuovo Ordine Mondiale continuerà a essere un punto di discussione, sia come riflesso delle reali dinamiche di potere nel mondo, sia come una lente attraverso cui vengono viste e interpretate queste dinamiche. L'interazione tra il Nuovo Ordine Mondiale e la percezione delle persone ha radici profonde anche nella psicologia umana. Comprendere come e perché le persone credono in teorie particolari può illuminare la natura persistente del concetto del Nuovo Ordine Mondiale.

Il bisogno umano di comprensione e ordine è un punto focale. Quando ci troviamo di fronte a eventi complessi o confusi, la nostra mente cerca spesso spiegazioni che possano fornire un senso di ordine o ragione. Le teorie della cospirazione, come quella del Nuovo Ordine Mondiale, offrono queste spiegazioni, presentando un quadro in cui gli eventi non sono casuali, ma piuttosto il risultato di piani segreti orchestrati da figure potenti. Questo fornisce un senso di chiarezza e, per alcuni, un senso di controllo.

Il modo in cui le informazioni vengono presentate e consumate nell'era moderna ha anche un ruolo fondamentale nella propagazione delle idee del Nuovo Ordine Mondiale. I social media, in particolare, hanno radicalmente cambiato il panorama informativo. Le piattaforme che premiano contenuti sensazionalistici e divisivi possono amplificare teorie come quella del Nuovo Ordine Mondiale. Il design di alcune piattaforme favorisce camere d'eco, dove gli utenti sono continuamente esposti a contenuti che rafforzano le loro preesistenti convinzioni, indipendentemente dalla veridicità di tali contenuti.

Inoltre, in periodi di incertezza socioeconomica, le persone tendono a cercare colpevoli o forze oscure che stiano manipolando gli eventi a loro svantaggio. La crescente disuguaglianza economica, i mutamenti demografici e la rapida evoluzione tecnologica sono tutti fattori che possono creare ansia e incertezza nella popolazione. In questo clima, le teorie che suggeriscono un ordine nascosto dietro il caos possono guadagnare trazione.

L'importanza dell'identità e dell'appartenenza non può essere trascurata. Per molte persone, credere in teorie come il Nuovo Ordine Mondiale diventa una parte fondamentale della loro identità. Far parte di una comunità di credenti può fornire un senso di appartenenza e di comprensione. Ciò può rafforzare ulteriormente le convinzioni, poiché le sfide o le critiche a tali teorie vengono viste non solo come attacchi alle idee stesse, ma anche come attacchi personali.

Un altro aspetto da considerare è l'evoluzione della geopolitica e della diplomazia. Mentre le nazioni si muovono verso un maggiore multilateralismo e interdipendenza, le decisioni vengono spesso prese in forum internazionali come le Nazioni Unite, il G7, il G20 e altre organizzazioni. Questo spostamento dal nazionalismo tradizionale verso soluzioni globali a problemi globali può essere interpretato da alcuni come un passo verso un "governo mondiale", alimentando ulteriormente le teorie del Nuovo Ordine Mondiale.

In sintesi, il concetto del Nuovo Ordine Mondiale è un amalgama di realtà storiche, preoccupazioni geopolitiche, paure psicologiche e influenze culturali. Mentre il mondo cambia e si adatta a nuove sfide, è probabile che le interpretazioni e le percezioni del Nuovo Ordine Mondiale continueranno a evolversi e ad adattarsi di conseguenza.

Il concetto di "Nuovo Ordine Mondiale" è spesso intrecciato con tematiche legate all'evoluzione delle strutture di potere e all'emergere di nuove tecnologie. Ogni innovazione tecnologica, ogni variazione nel bilancio di potere tra le nazioni e ogni nuova tendenza socioculturale può diventare terreno fertile per interpretazioni e speculazioni.

Se esaminiamo le tecnologie emergenti, possiamo vedere come l'intelligenza artificiale, la biotecnologia e la rete 5G, ad esempio, abbiano spesso suscitato preoccupazioni e teorie sulla loro connessione con un presunto Nuovo Ordine Mondiale. L'intelligenza artificiale, con la sua capacità di processare e analizzare enormi quantità di dati, potrebbe teoricamente essere utilizzata per monitorare e influenzare il comportamento umano su una scala senza precedenti. Questo potere potenziale ha portato molti a speculare sull'uso di queste tecnologie da parte di gruppi d'élite per controllare le masse.

Parallelamente, la biotecnologia, e in particolare la capacità di modificare geneticamente gli organismi, ha suscitato timori riguardo alle possibili manipolazioni dell'essere umano. Le speculazioni si estendono dalla creazione di "super soldati" alla manipolazione genetica per controllare o influenzare le capacità cognitive o emotive delle persone.

Il lancio e la diffusione della rete 5G ha generato una serie di teorie cospiratorie, alcune delle quali suggeriscono che questa tecnologia possa essere utilizzata per esercitare un controllo diretto o indiretto sulla popolazione. Queste idee si basano spesso su informazioni inesatte o fuorvianti, ma l'essenza di tali teorie si radica nella paura dell'ignoto e nel sospetto verso nuove tecnologie poco comprese.

Anche le strutture economiche globali sono al centro delle discussioni sul Nuovo Ordine Mondiale. Istituzioni come il Fondo Monetario Internazionale, la Banca Mondiale e il Forum Economico Mondiale sono viste da alcuni come strumenti di un'élite globale che mira a dominare l'economia mondiale. Le decisioni prese da queste organizzazioni possono avere un impatto profondo sull'economia di intere nazioni, e la mancanza di trasparenza o comprensione di questi processi decisionali può alimentare ulteriori speculazioni e teorie.

Il crescente interesse per le criptovalute e la tecnologia blockchain offre un altro esempio di come le nuove tendenze possano alimentare il discorso sul Nuovo Ordine Mondiale. Mentre alcune persone vedono le criptovalute come un mezzo per sfuggire al controllo dei governi e delle banche centrali, altri teorizzano che potrebbero essere utilizzate da gruppi d'élite per creare una singola moneta mondiale, consolidando ulteriormente il controllo sull'economia globale.

Infine, non possiamo ignorare l'influenza della cultura popolare nel modellare e diffondere le idee legate al Nuovo Ordine Mondiale. Film, libri, serie TV e musica spesso esplorano temi di controllo, manipolazione e potere nascosto, e queste narrazioni possono influenzare la percezione del pubblico riguardo alla realtà del mondo in cui vivono.

Mentre nuove tendenze emergono e la società continua a evolversi, le interpretazioni e le speculazioni sul Nuovo Ordine Mondiale si adatteranno inevitabilmente, riflettendo le ansie e le preoccupazioni dell'epoca in cui viviamo.

L'idea del "Nuovo Ordine Mondiale", nelle sue molteplici forme, rappresenta un complesso mosaico di paure, aspettative e interpretazioni sul futuro della società globale. Questo concetto si è radicato profondamente nell'immaginario collettivo, evolvendosi e adattandosi a nuovi contesti e sfide emergenti.

Al centro di tali teorie troviamo la tensione tra l'individuo e le strutture di potere. La storia ha dimostrato che, con il passare del tempo, le strutture di potere mutano, si evolvono e a volte si consolidano. Che si tratti di imperi che si espandono o di nuovi blocchi economici che emergono, la dinamica tra potere centralizzato e autonomia individuale o nazionale ha sempre generato dibattito e speculazione.

Nell'era moderna, la rapidità dell'innovazione tecnologica ha amplificato queste tensioni. L'accesso all'informazione, le comunicazioni istantanee e la capacità di influenzare ampie porzioni della popolazione attraverso i media digitali hanno creato opportunità senza precedenti, ma anche nuove sfide in termini di privacy, autonomia e libertà.

L'interpretazione e la risposta al concetto di "Nuovo Ordine Mondiale" variano ampiamente. Per alcuni, rappresenta un'opportunità per un mondo più unito e collaborativo, dove le sfide globali possono essere affrontate in modo collettivo. Per altri, evoca paure di un controllo centralizzato, della perdita di sovranità e di libertà personali.

Queste percezioni sono ulteriormente complicate dalla natura sempre più intricata della geopolitica e della diplomazia internazionale. In un mondo in cui le decisioni economiche, politiche e sociali sono spesso prese in contesti internazionali, è inevitabile che emergano domande sulla natura e l'origine di tali decisioni. L'opacità di alcune di queste istituzioni globali alimenta ulteriori speculazioni.

Concludendo, il "Nuovo Ordine Mondiale", nella sua essenza, non è tanto una realtà concreta quanto una lente attraverso la quale le persone cercano di interpretare e dare senso a un mondo in rapido cambiamento. Riflette le ansie, le speranze e le aspettative dell'umanità riguardo al suo futuro. Come tale, mentre il mondo continua a evolversi, è probabile che le discussioni e le speculazioni su questo concetto persistano, offrendo una finestra sulle complesse dinamiche tra individui, società e strutture di potere nel 21° secolo.

5. Mezzi di diffusione • Il ruolo dei media tradizionali. • L'impatto dei social media.

Mezzi di diffusione

La diffusione delle teorie della cospirazione non è un fenomeno nuovo, ma i modi in cui queste teorie sono comunicate e condivise hanno subito significative evoluzioni nel tempo. I mezzi attraverso cui queste idee sono veicolate giocano un ruolo fondamentale nel determinare la loro portata e influenza.

Il ruolo dei media tradizionali:

Da sempre, giornali, riviste, radio e televisione hanno avuto il potere di plasmare l'opinione pubblica. Le teorie della cospirazione, quando trattate dai media tradizionali, possono guadagnare una legittimità apparente semplicemente perché sono presentate su una piattaforma riconosciuta.

- **Risonanza**: Una storia sensazionalistica o una teoria intrigante può attrarre l'attenzione del pubblico, spingendo i media a darle spazio. Questo può portare a un effetto di amplificazione, in cui una teoria marginale può sembrare più diffusa o accettata di quanto effettivamente sia.
- **Credibilità**: La presentazione di una teoria in un contesto mediatico tradizionale, specialmente se non viene adeguatamente contestualizzata o contraddetta, può dare ad essa un'aria di credibilità.
- **Agenda Setting**: I media tradizionali hanno la capacità di stabilire l'agenda della discussione pubblica. Se decidono di focalizzarsi su una particolare teoria o argomento, possono influenzare indirettamente l'importanza che il pubblico attribuisce a tale tema.

L'impatto dei social media:

Con l'avvento dei social media, la dinamica della diffusione delle informazioni ha subito una profonda trasformazione. Piattaforme come Facebook, Twitter, YouTube e TikTok hanno democratizzato l'accesso alle informazioni, permettendo a chiunque di condividere e diffondere le proprie idee.

- **Viralità**: Una delle caratteristiche chiave dei social media è la capacità di rendere un'idea virale. Una teoria della cospirazione può rapidamente guadagnare trazione e diffondersi a milioni di persone in poche ore o giorni.
- **Eco-chamber**: Le piattaforme social spesso utilizzano algoritmi che mostrano agli utenti contenuti simili a quelli che hanno già apprezzato o condiviso. Ciò può creare delle "camere d'eco", in cui gli individui sono esposti principalmente a informazioni che rinforzano le loro credenze preesistenti, riducendo l'esposizione a punti di vista contrastanti.
- **Fonti non verificate**: A differenza dei media tradizionali, che solitamente hanno redazioni e processi di verifica delle informazioni, sui social media chiunque può pubblicare contenuti. Questo ha portato a una diffusione senza

precedenti di notizie false, distortions e teorie
senza fondamento.

In sintesi, mentre i media tradizionali possono
conferire una sorta di "segnale di legittimità" a
determinate teorie, i social media le amplificano
e le diffondono a un ritmo senza precedenti.
Questa combinazione ha reso le teorie della
cospirazione più pervasiva che mai nella nostra
società moderna.

La diffusione delle teorie della cospirazione nei
media tradizionali e nei social media non può
essere compresa senza prendere in
considerazione i cambiamenti culturali e
tecnologici degli ultimi decenni.

Negli anni '70 e '80, prima dell'avvento di
Internet, le teorie della cospirazione erano
confinate spesso a piccole comunità,
pubblicazioni di nicchia e trasmissioni
radiofoniche di mezzanotte. La barriera
all'ingresso per avere una voce nei media era
piuttosto alta; le case editrici, le emittenti
televisive e le stazioni radio avevano il controllo
sulla maggior parte dei contenuti che il pubblico
consumava.

Con l'ascesa della televisione via cavo negli anni '90, il panorama mediatico ha iniziato a diversificarsi. Canali dedicati a argomenti di nicchia sono emersi, offrendo piattaforme a voci che precedentemente avrebbero avuto difficoltà a trovare uno spazio nei media mainstream. Questo periodo ha visto l'emergere di programmi che esploravano misteri, UFO e altre teorie alternative, portando queste idee a un pubblico molto più ampio.

L'avvento di Internet ha rivoluzionato ulteriormente la diffusione delle informazioni. I forum online, come quelli su Usenet, sono diventati luoghi dove le teorie della cospirazione potevano essere discusse e sviluppate. Questi spazi virtuali hanno permesso alle persone di tutto il mondo di condividere informazioni, indipendentemente dalla loro credibilità o accuratezza.

Ma è con la nascita dei social media nel nuovo millennio che la diffusione delle teorie della cospirazione ha conosciuto un vero e proprio boom. Con piattaforme come Facebook, Twitter e YouTube, le persone non solo potevano consumare contenuti, ma anche crearli e condividerli. Questo ha abbassato enormemente la barriera all'ingresso per la condivisione di informazioni. Le teorie, indipendentemente dalla loro veridicità, potevano ora diventare virali in poche ore, raggiungendo milioni, se non miliardi, di persone.

Un altro elemento cruciale nella diffusione delle teorie della cospirazione sui social media è la personalizzazione del contenuto. Gli algoritmi di molte piattaforme social mostrano agli utenti contenuti basati sui loro precedenti comportamenti online. Ciò significa che se un utente mostra interesse per una particolare teoria della cospirazione, è probabile che gli venga mostrato contenuto simile in futuro. Questo rinforzo continuo può solidificare le credenze e isolare gli utenti da informazioni contrastanti.

Inoltre, la natura dei social media incoraggia la formazione di comunità. Mentre in passato le persone che credevano in teorie alternative potevano sentirsi isolate, ora possono facilmente trovare e interagire con migliaia di persone con idee simili. Questi gruppi possono agire come camere di risonanza, dove le idee vengono continuamente rinforzate senza essere sfidate.

Un altro punto degno di nota è la crescente sfiducia nei media tradizionali. Studi hanno dimostrato che la fiducia nel giornalismo e nelle istituzioni tradizionali è in calo in molte parti del mondo. Questa sfiducia può spingere le persone verso fonti alternative di informazione, che spesso includono teorie della cospirazione.

L'interazione tra media tradizionali e nuovi media nella diffusione delle teorie della cospirazione ci offre una panoramica affascinante e complessa sulla natura mutevole dell'informazione e sulla sua percezione nell'era digitale.

Da un lato, i media tradizionali, con la loro storica autorità e le redazioni professionali, detengono ancora un potere significativo nel definire e modellare le narrazioni dominanti. Questi organi, spesso sostenuti da secoli di reputazione, possono, attraverso un'accurata selezione e presentazione delle notizie, dare risalto a particolari teorie o argomenti, rendendoli centrali nel dibattito pubblico. Tuttavia, proprio questa autorità ha fatto sì che, in certi casi, venissero visti con sospetto da parti della popolazione, portando a sentimenti di sfiducia e all'accusa di rappresentare "narrative ufficiali" piuttosto che verità oggettive.

Dall'altro, i social media e le piattaforme digitali hanno democratizzato l'accesso e la distribuzione dell'informazione come mai prima d'ora. Questa democratizzazione, per quanto positiva nella promozione della libertà di espressione, ha anche portato con sé la dilagante diffusione di disinformazione, notizie false e teorie non verificate. La natura degli algoritmi, progettati per massimizzare l'interazione e l'engagement, spesso amplifica ulteriormente queste teorie, facendo entrare gli utenti in una spirale di conferma delle proprie convinzioni, isolandoli da visioni contrastanti e sfidanti.

Ma cosa significa tutto ciò per la società moderna? L'intersezione di questi due mondi mediatici ha creato un ecosistema informativo in cui la verità è spesso fluida, soggetta a interpretazione e, in certi casi, manipolazione. In un tale ambiente, la capacità di esercitare un pensiero critico, di interrogarsi sulla provenienza delle informazioni e sulla loro validità diventa essenziale.

L'impulso umano di cercare modelli, connessioni e significati, specialmente in tempi di incertezza, ha sempre alimentato l'attrazione verso le teorie della cospirazione. Ma in un'epoca caratterizzata da un sovraccarico informativo e dalla crescente polarizzazione, il bisogno di discernimento e di una cittadinanza informata e critica diventa ancora più cruciale. In ultima analisi, la responsabilità non ricade solo sui media, ma anche sugli individui, nell'educarsi e nell'approcciare l'informazione con un sano scetticismo e un desiderio di comprensione

5. Teorie della cospirazione popolari

Le teorie della cospirazione hanno sempre avuto un ruolo nell'immaginario collettivo, offrendo spiegazioni alternative a eventi o circostanze che spesso sfuggono alla comprensione comune. Alcune di queste teorie sono diventate particolarmente popolari, spesso grazie alla loro diffusione attraverso vari media. Ecco una disamina di alcune delle teorie della cospirazione più note e persistenti:

Illuminati: Originariamente, gli Illuminati erano un gruppo reale, fondato nel 1776 in

Baviera, Germania. Si trattava di una società segreta con obiettivi illuministici, che promuoveva la libertà personale e l'opposizione al controllo religioso e principesco sulle vite delle persone. Tuttavia, con il tempo, il termine "Illuminati" è stato associato a numerose teorie della cospirazione, che sostengono che questo gruppo segreto sia riuscito a infiltrarsi in varie istituzioni mondiali, acquisendo un controllo invisibile sul mondo. Queste teorie suggeriscono che gli Illuminati siano dietro a vari eventi globali, lavorando nell'ombra per stabilire un "Nuovo Ordine Mondiale". La loro presenza viene spesso associata a simbolismi nascosti in film, musica e persino banconote.

Controllo della popolazione: La teoria del controllo della popolazione sostiene che gruppi elitari o governativi stiano cercando di controllare o ridurre la popolazione mondiale attraverso vari mezzi. Questi metodi includono, ma non sono limitati a, vaccinazioni, controllo delle nascite, cibi geneticamente modificati e persino epidemie indotte. Uno degli esempi più citati in questa teoria è l'Agenda 21 delle Nazioni Unite, che viene spesso interpretata erroneamente come un piano per depopolare il pianeta, anche se in realtà si tratta di uno sforzo per promuovere la sostenibilità a livello globale.

Ufologia e cospirazioni extraterrestri:
Forse una delle teorie della cospirazione più affascinanti e diffuse riguarda gli UFO e l'esistenza di vita extraterrestre. Questa teoria suggerisce che governi e istituzioni abbiano segretamente interagito con civiltà aliene o abbiano coperto prove di avvistamenti UFO. L'incidente di Roswell del 1947, in cui si sostiene che un disco volante sia schiantato nel New Mexico, è spesso citato come un esempio principale di questa copertura. Altre teorie sostengono che la tecnologia aliena sia stata recuperata e utilizzata per sviluppi tecnologici segreti, o che ci siano basi aliene nascoste, come la famosa Area 51.

La popolarità di queste teorie della cospirazione può essere attribuita a una combinazione di fattori, tra cui la sfiducia nelle istituzioni, la necessità umana di trovare risposte a domande non risolte e l'ampia diffusione attraverso vari canali mediatici. Nonostante manchino spesso di prove concrete, la loro persistenza nel tempo attesta il loro impatto sulla psiche collettiva.

L'attrazione esercitata dalle teorie della cospirazione, specialmente quelle di grande richiamo come gli Illuminati, il controllo della popolazione e le cospirazioni extraterrestri, può essere vista come un riflesso delle inquietudini, delle curiosità e delle ansie collettive. Mentre ci si potrebbe chiedere perché tante persone siano attratte da queste narrazioni, la risposta potrebbe risiedere in una combinazione di fattori psicologici, storici e culturali.

Prendiamo, ad esempio, gli Illuminati. Il fascino di questa teoria risiede parzialmente nel mistero e nella segretezza. Viviamo in un'epoca in cui le notizie globali sono sempre a portata di mano, e l'idea che ci siano ancora segreti così profondi alimenta la curiosità. Gli Illuminati sono spesso rappresentati come burattinai che manovrano gli eventi mondiali, suggerendo che dietro la complessità e l'apparente caos del mondo moderno ci sia un ordine nascosto. Questo bisogno di trovare un ordine nel caos può rassicurare alcune persone, offrendo una spiegazione per eventi altrimenti incomprensibili.

La teoria del controllo della popolazione, d'altra parte, è fortemente radicata nelle ansie contemporanee riguardo alla sovrappopolazione, alle risorse limitate e all'autorità governativa. In un mondo in cui l'informazione sulla crescita demografica, il cambiamento climatico e le risorse è sempre disponibile, la paura che ci possa essere un'agenda nascosta per controllare o limitare la crescita demografica non è completamente infondata nella mente di alcuni. Questo tipo di teoria può anche derivare da una profonda sfiducia verso le istituzioni, alimentata da scandali reali e percezioni di corruzione.

Infine, la fascinazione per gli UFO e le cospirazioni extraterrestri tocca profondamente il nostro desiderio di esplorare e capire il nostro posto nell'universo. Da secoli, l'umanità si pone domande sul nostro ruolo e sulla possibilità di altre forme di vita. Con l'avvento della tecnologia spaziale e la crescente scoperta di esopianeti, l'idea che non siamo soli nell'universo non sembra più così remota. Teorie come l'incidente di Roswell o la segretezza dell'Area 51 alimentano questa curiosità, suggerendo che potrebbero già esserci state interazioni tra umani e extraterrestri.

Tutte queste teorie, per quanto diverse, hanno in comune la tendenza a sfidare le narrazioni ufficiali e a offrire alternative seducenti che rispondono a domande profonde o paure latenti. La loro diffusione è ulteriormente alimentata dalla natura virale dei media moderni, dove le storie controverse o misteriose possono rapidamente guadagnare trazione. Inoltre, la capacità di comunicare e condividere idee in comunità online ha dato una piattaforma a queste teorie, permettendo loro di fiorire e evolversi in modo dinamico.

Il bisogno dell'essere umano di cercare significato e ordine nei fenomeni incomprensibili si è sempre manifestato nella storia. Le teorie della cospirazione offrono una narrazione che spesso colma le lacune della conoscenza, attribuendo eventi o situazioni a forze oscure e potenti che operano dietro le quinte. Mentre alcune di queste teorie sono facilmente smentibili con prove concrete, la loro capacità di adattarsi e mutare le rende particolarmente resistenti alla critica.

Esaminiamo, ad esempio, la persistenza della crenza sugli Illuminati. Sebbene originariamente fossero una società del XVIII secolo con obiettivi ben definiti, la loro leggenda ha continuato a evolversi e adattarsi alle preoccupazioni contemporanee. Nel XX secolo, con la crescente globalizzazione e l'intreccio delle economie e delle politiche, gli Illuminati sono diventati il capro espiatorio ideale per coloro che credono in una cabala globalista che cerca di dominare il mondo. La cultura popolare ha anche giocato un ruolo nell'amplificare questo mito: film, libri e musica hanno incorporato l'immagine degli Illuminati, spesso attribuendo loro poteri e intenti esagerati.

Le teorie del controllo della popolazione toccano un nervo particolare, specialmente in un'era in cui la biotecnologia e la medicina stanno avanzando a passi da gigante. La capacità di manipolare il genoma umano, di creare vaccini e di influenzare la biologia a livello molecolare ha portato molti a temere che queste tecnologie potrebbero essere usate in modi eticamente discutibili. Inoltre, con la crescente urbanizzazione e la densità demografica in molte aree, l'idea di un controllo deliberato della popolazione non è completamente estranea alle paure di molti.

Per quanto riguarda l'ufologia, l'infinità dell'universo e l'idea che ci siano civiltà oltre la Terra ha sempre affascinato l'umanità. Ogni volta che viene avvistato un oggetto volante non identificato, si rinnova la speranza e la curiosità che potremmo non essere soli. Questa teoria ha guadagnato ulteriore trazione con l'accesso a piattaforme come YouTube, dove i video di presunti avvistamenti possono essere condivisi e visualizzati da milioni di persone. L'Area 51, con la sua aura di segretezza, ha alimentato ulteriori speculazioni, con molti che credono che al suo interno si nascondano tecnologie aliene o addirittura extraterrestri catturati.

Un altro aspetto fondamentale nella persistenza di queste teorie è la complessità del mondo moderno. In un'epoca in cui le informazioni sono abbondanti ma spesso contraddittorie, molte persone si sentono sopraffatte e cercano spiegazioni semplici a problemi complessi. Le teorie della cospirazione, per quanto intricate, offrono spesso una narrazione lineare e univoca, in cui "i cattivi" sono chiaramente identificabili e responsabili delle ingiustizie del mondo. Questo tipo di narrazione può essere confortante, poiché offre un senso di chiarezza in mezzo al caos.

Inoltre, la natura polarizzata della politica e dei media in molte società ha contribuito a creare camere di risonanza in cui le persone sono esposte solo a informazioni che rafforzano le loro preesistenti convinzioni. Questo fenomeno, conosciuto come "bias di conferma", è particolarmente evidente nelle teorie della cospirazione. Quando le persone sono immerse in queste camere di risonanza, diventa difficile per loro accettare o anche considerare punti di vista alternativi.

La pervasività e la longevità delle teorie della cospirazione nella storia umana, e in particolare nella nostra era moderna, non possono essere separate dai meccanismi intrinseci della psicologia umana e dalla complessità del nostro ambiente informativo. Il desiderio di comprendere, di trovare schemi e di assegnare significato ai fenomeni, ci spinge verso narrazioni che spesso offrono spiegazioni alternative, se non controverse, agli eventi mondiali.

Le teorie della cospirazione, come quelle degli Illuminati, del controllo della popolazione o dell'ufologia, offrono alle persone una forma di controllo cognitivo. In un mondo che può sembrare caotico o oltre il controllo individuale, credere che ci sia un disegno nascosto o forze oscure al lavoro fornisce una forma di ordine. Per alcuni, è più confortante credere in una cospirazione piuttosto che accettare l'arbitrarietà o la casualità degli eventi.

La crescita e la proliferazione dei media digitali hanno avuto un ruolo ambivalente nella diffusione delle teorie cospirative. Da un lato, hanno democratizzato l'accesso all'informazione, permettendo a chiunque di condividere le proprie opinioni e di cercare verità alternative. Dall'altro lato, hanno anche creato delle bolle informative, in cui le persone sono esposte solo a informazioni che rafforzano le loro convinzioni preesistenti. Questo, combinato con il bias di conferma, ha fatto sì che molte teorie della cospirazione diventassero quasi impermeabili alla critica o alla contestazione.

In conclusione, le teorie della cospirazione non sono solo una moda passeggera o una deviazione dall'ordinaria comprensione degli eventi. Sono piuttosto il prodotto di profonde forze culturali, psicologiche e storiche. La loro presenza e resistenza nel discorso pubblico dovrebbero essere comprese non solo come una sfida all'informazione accurata, ma anche come un riflesso delle ansie, delle speranze e delle paure dell'essere umano nel tentativo di navigare in un mondo sempre più complesso e interconnesso. La loro continua evoluzione e adattamento alle nuove circostanze e ai nuovi media mostrano la flessibilità e la resilienza di queste narrazioni, che probabilmente continueranno a plasmare il discorso pubblico e privato per molto tempo a venire.

6. Fattori psicologici • Perché le persone credono nelle teorie della cospirazione? • La necessità di trovare un nemico.

Fattori psicologici

Comprendere il fascino delle teorie della cospirazione richiede uno sguardo profondo ai meandri della mente umana. Diversi fattori psicologici, spesso radicati nella nostra evoluzione come specie, ci rendono vulnerabili a tali credenze, anche quando vengono contrastate da evidenti fatti oggettivi. Esaminare questi fattori non solo aiuta a spiegare la popolarità di tali teorie, ma può anche offrire una via per affrontare la diffusione di disinformazione.

Perché le persone credono nelle teorie della cospirazione?

1. **Bisogno di Significato e Controllo**: Uno dei principali driver psicologici che spingono le persone verso le teorie della cospirazione è il bisogno innato di trovare un significato negli eventi e di sentire un senso di controllo sul mondo circostante. In un universo apparentemente caotico, l'idea che ci sia un disegno nascosto o forze oscure al lavoro può offrire un certo grado di conforto. Anche se le forze sono malevole, la sola idea che esista un ordine nascosto può essere preferibile all'idea di un universo senza scopo.

2. **Bias di Conferma**: Le persone tendono naturalmente a cercare, interpretare e ricordare le informazioni in modo che confermino le loro preesistenti credenze o ipotesi. Le teorie della cospirazione prosperano in questo ambiente, offrendo spiegazioni che si allineano con le visioni del mondo di chi le cerca.

3. **Sentimento di Specialità**: Credere in una teoria della cospirazione può dare alle persone la sensazione di possedere una conoscenza segreta o speciale che il "gregge" non ha. Questa sensazione di superiorità può rinforzare ulteriormente la credenza e l'adesione a tali teorie.

1. **Semplificazione della Complessità**: Il mondo moderno è complesso e spesso difficile da comprendere. Attribuire le sfide globali, come le crisi economiche o i disastri naturali, a un gruppo specifico o a un nemico fornisce una spiegazione semplificata. Questo non solo rende gli eventi più comprensibili, ma offre anche un chiaro punto di incolpamento.

2. **Coesione del Gruppo**: Da un punto di vista evolutivo, identificare un "nemico esterno" ha potuto rafforzare la coesione all'interno di un gruppo. Ciò può essere particolarmente vero in tempi di incertezza o crisi, dove la solidarietà di gruppo può offrire maggiore sicurezza. Le teorie della cospirazione, identificando un nemico comune, possono quindi servire a rafforzare i legami all'interno di una comunità.

3. **Gestione dell'Ansia e del Timore**: In un mondo in cui le minacce possono sembrare onnipresenti ma spesso intangibili (come il cambiamento climatico, le crisi finanziarie o le pandemie), avere un nemico tangibile e identificabile può aiutare le persone a focalizzare e gestire meglio le loro ansie.

In sintesi, le teorie della cospirazione e il bisogno di identificare nemici sono strettamente legate ai bisogni psicologici fondamentali degli esseri umani. Questi bisogni, sebbene radicati in meccanismi di sopravvivenza evolutiva, possono manifestarsi in modi che sfidano la logica e la ragione nell'era moderna. Comprendere questi fattori può fornire una via per affrontare la disinformazione e promuovere una comprensione più critica degli eventi mondiali.

Il vasto paesaggio della psicologia umana, unito all'ambiente in cui viviamo, crea una rete complessa di fattori che influenzano la nostra tendenza a credere in teorie della cospirazione. Se consideriamo la storia evolutiva dell'umanità, possiamo identificare una serie di elementi psicologici profondamente radicati che guidano tali convinzioni.

La **paura dell'ignoto** è stata una costante nella storia dell'umanità. Di fronte a pericoli come predatori o tribù rivali, gli esseri umani hanno sviluppato una tendenza a essere ipervigilanti e a cercare schemi. Questa ricerca di schemi, mentre un tempo aveva il vantaggio di proteggerci da minacce reali, ora può portarci a vedere connessioni dove non ne esistono, guidando la formazione e la credenza in teorie della cospirazione.

Allo stesso tempo, la **necessità di appartenenza** a una comunità ha portato gli esseri umani a cercare tribù o gruppi di appartenenza. Nell'era moderna, questo può tradursi in una tendenza a formare gruppi attorno a credenze condivise, inclusa la condivisione di teorie della cospirazione come un modo per rafforzare i legami comunitari e definire chi fa parte della "nostra" tribù e chi è esterno ad essa.

La **desiderabilità cognitiva** è un altro fattore cruciale. Le persone tendono a credere in ciò che desiderano sia vero, indipendentemente dalle prove oggettive. Se una teoria della cospirazione si allinea con le aspirazioni, le paure o i risentimenti di una persona, è più probabile che la adotti.

Inoltre, in un mondo in cui la **sovraccarico informativo** è la norma, molte persone si sentono sommerse da un flusso costante di notizie e dati. In tali circostanze, le teorie della cospirazione possono offrire una sorta di "shortcut cognitivo", offrendo spiegazioni semplici e dirette per eventi altrimenti complessi.

La **difesa dell'identità** gioca anche un ruolo. Le persone sono più propense a credere in teorie della cospirazione che proteggono o rafforzano la loro identità, soprattutto se sentono che la loro identità è sotto attacco. Per esempio, se una persona si identifica fortemente con un certo gruppo politico, potrebbe essere più incline a credere in teorie della cospirazione che mettono in cattiva luce gli oppositori politici.

Infine, c'è un aspetto di **ribellione contro l'autorità**. La sfiducia nelle istituzioni tradizionali, che potrebbe essere alimentata da eventi reali che erodono la fiducia pubblica, può spingere le persone a cercare spiegazioni alternative a quelle fornite da fonti ufficiali. Questa sfiducia può manifestarsi come una tendenza a credere che tali istituzioni siano parte di complotti più ampi.

Insomma, la psiche umana e la sua interazione con l'ambiente circostante forniscono un terreno fertile per la proliferazione di teorie della cospirazione. E mentre la società evolve e la tecnologia cambia il modo in cui interagiamo con le informazioni e tra di noi, è probabile che vedremo nuovi fattori emergere che influenzano questa dinamica.

L'interesse e la fiducia nelle teorie della cospirazione non sono il prodotto di menti irrazionali o ignoranti, come a volte viene suggerito. Sono, piuttosto, il risultato di una combinazione complessa di fattori psicologici, sociologici ed evolutivi che hanno modellato il comportamento e il pensiero umano per millenni. La nostra predisposizione a cercare schemi, la nostra necessità di appartenenza a comunità, il desiderio di confermare le nostre preesistenti convinzioni, il bisogno di semplificare un mondo sempre più complesso e la naturale tendenza a difendere la nostra identità sono tutte spinte profondamente radicate che possono portarci verso teorie della cospirazione.

La moderna sovraccarico informativo, insieme a una crescente sfiducia nelle istituzioni e nelle fonti tradizionali di informazione, ha ulteriormente amplificato queste tendenze. In un mondo dove le notizie false o fuorvianti possono diffondersi come un incendio attraverso i social media, molte persone si trovano ad affrontare un diluvio di informazioni senza le competenze necessarie per discernere fatti da finzione. Ciò può portare a una maggiore inclinazione verso teorie che, anche se non supportate da prove concrete, sembrano offrire chiarezza e confermare le visioni del mondo preesistenti.

Eppure, mentre comprendiamo i fattori alla base della credenza nelle teorie della cospirazione, diventa anche evidente che affrontare il fenomeno non è una questione semplice. Non si tratta solo di educare le persone con "fatti reali", ma di affrontare i bisogni psicologici e sociali sottostanti che guidano tali credenze. Solo attraverso un approccio olistico, che combina educazione, comprensione e empatia, possiamo sperare di contrastare la marea crescente di disinformazione e teorie della cospirazione nel mondo moderno.

7. Impatto sulla società • Diffidenza verso le istituzioni. • Influenza sulle decisioni politiche.

Impatto sulla società

Le teorie della cospirazione non sono solo il prodotto della cultura popolare o argomenti marginali di dibattito online. Esse hanno un impatto tangibile e spesso pervasivo sulla società in generale. Per capire appieno questo impatto, è fondamentale esaminare come queste teorie influenzano la fiducia nelle istituzioni e le decisioni politiche.

Diffidenza verso le istituzioni:

1. **Erosione della fiducia:** Una delle principali conseguenze delle teorie della cospirazione è l'erosione della fiducia nelle istituzioni pubbliche e private. Quando le persone credono che queste entità siano coinvolte in attività segrete o maliziose, possono diventare sospettose di tutto ciò che rappresentano, dai messaggi ufficiali alle iniziative proposte.
2. **Rifiuto della scienza e dell'expertise:** In un'era in cui la scienza e la tecnologia giocano un ruolo cruciale nella società, la diffidenza verso le istituzioni può portare a un rifiuto delle conoscenze e delle competenze professionali. Ciò è particolarmente evidente nel contesto dei vaccini, del cambiamento climatico e di altre questioni scientifiche di grande rilievo.
3. **Compromissione delle istituzioni democratiche:** La fiducia è un pilastro delle democrazie funzionanti. La diffidenza verso le istituzioni, come le agenzie elettorali o i media, può minare la fiducia nel processo democratico

stesso, portando a un'erosione della partecipazione civica e a tensioni sociali.

Influenza sulle decisioni politiche:

1. **Mobilizzazione politica:** Le teorie della cospirazione possono servire come catalizzatori per la mobilitazione politica. Se un gruppo di persone crede fermamente che ci sia un complotto contro di loro, possono unirsi per combatterlo, influenzando direttamente la politica a livello locale, nazionale o internazionale.
2. **Formazione di politiche basate sulla paura:** Le decisioni politiche possono essere prese sulla base di teorie della cospirazione, piuttosto che su prove concrete o analisi obiettive. Ciò può portare a politiche inefficaci o dannose che non affrontano le reali sfide della società.
3. **Polarizzazione:** Le teorie della cospirazione possono acuire la polarizzazione politica. Quando gruppi opposti aderiscono a narrazioni diverse, spesso incompatibili, sul modo in cui il mondo funziona, il terreno comune si restringe, rendendo difficile il dialogo costruttivo o il compromesso.
    4. Le teorie della cospirazione, nel loro diffondersi come vaste ragnatele di ipotesi

e congetture, non solo intaccano la fiducia individuale, ma alterano anche l'intera struttura sociale. Prendendo le radici nelle profondità della psiche collettiva, queste teorie possono proliferare e manifestarsi in modi che a volte sono subdoli e altre volte evidenti.

5. Guardando alle istituzioni, per esempio, la sanità è stata una delle vittime più frequenti di teorie cospirative, specialmente nell'era moderna. Considera l'idea, ampiamente diffusa, che le cure o i rimedi per certe malattie siano intenzionalmente nascosti al pubblico per garantire profitti alle aziende farmaceutiche. Questa percezione non solo alimenta la sfiducia verso i medici e i ricercatori, ma può anche portare le persone a evitare trattamenti salvavita o a ricorrere a cure alternative non testate.

6. Anche il settore dell'istruzione non è immune. L'idea che ci sia un "curriculum nascosto" o che vengano fatte scelte educative per promuovere un certo ordine mondiale può compromettere l'efficacia dell'istruzione stessa. Gli insegnanti possono trovarsi sotto accusa, e le

istituzioni educative possono essere viste con sospetto, compromettendo così il valore e l'integrità del sistema educativo nel suo complesso.

7. Nel panorama politico, le teorie della cospirazione possono alterare le percezioni delle relazioni internazionali. L'idea che certe nazioni operino nell'ombra per destabilizzare altre, o che organizzazioni internazionali abbiano obiettivi segreti, può portare a politiche estere distorte e decisioni basate più su paure infondate che su analisi realistiche.

8. Inoltre, nel mondo dell'industria e della finanza, le idee di cartelli segreti o corporazioni che controllano il flusso globale di denaro possono portare a regolamentazioni eccessive o, al contrario, a una mancanza di supervisione dove è effettivamente necessaria.

9. La cultura popolare, inclusi film, libri e programmi televisivi, spesso amplifica queste teorie, dando loro una piattaforma più ampia. Mentre in alcuni casi ciò può portare a una maggiore consapevolezza e a un dibattito costruttivo, spesso serve solo a

diffondere ulteriormente la
disinformazione.

10.   In termini di relazioni interpersonali,
le teorie della cospirazione possono creare
divisioni. Amicizie e legami familiari
possono essere messi alla prova quando
uno crede fermamente in una teoria
cospirativa e l'altro no. Queste divisioni
possono estendersi a comunità intere,
creando ambienti in cui il sospetto e la
paranoia sono la norma piuttosto che
l'eccezione.

11.   Tutti questi effetti, combinati insieme,
possono avere un impatto profondo e
duraturo sulla società. Da una sfiducia
diffusa nelle istituzioni e nei leader, a
divisioni comunitarie e relazionali, l'ombra
delle teorie della cospirazione si estende
ben oltre il semplice chiacchiericcio o le
teorie di nicchia.

L'impiego e l'influenza delle teorie della
cospirazione nella società contemporanea non
sono fenomeni da prendere alla leggera. Questi
sistemi di credenze, spesso radicati in paure
profonde e incomprensioni, hanno una capacità

unica di alterare la percezione della realtà, erodere la fiducia fondamentale che serve a tenere insieme la nostra società e causare ripercussioni tangibili a livello di decisioni individuali e collettive.

La diffidenza sistematica verso le istituzioni, derivante da queste teorie, non è solo un'emozione passeggera o un fenomeno isolato. Si tratta di una corrosione della fiducia che può indebolire i fondamenti stessi su cui si basano le nostre società democratiche. Quando la gente inizia a dubitare delle istituzioni - siano esse governative, educative, sanitarie o mediatiche - la coesione sociale e la stabilità possono essere messe in pericolo. Il consenso collettivo, che permette alle società di funzionare in modo fluido, viene compromesso.

Le decisioni politiche influenzate dalle teorie della cospirazione possono avere effetti di vasta portata, spesso in direzioni non previste o non intenzionali. La politica basata sulla paura o sul sospetto può portare a leggi repressive, a restrizioni delle libertà civili, o a politiche estere aggressive. E, forse ancora più preoccupante, quando i leader stessi aderiscono a tali teorie, le decisioni possono essere prese in assenza di una valutazione critica o di una vera comprensione delle implicazioni.

L'interconnessione di queste teorie con la cultura popolare e i media moderni ha amplificato ulteriormente il loro raggio di diffusione. In un'epoca in cui le informazioni possono essere condivise e amplificate in un attimo, la disinformazione può diffondersi come un incendio, e le teorie precedentemente marginali possono rapidamente diventare mainstream.

Tuttavia, è essenziale comprendere che, nonostante l'apparente dominio di queste teorie in certi ambienti, esse rappresentano spesso le opinioni e le credenze di una minoranza vocale. La sfida per le società moderne non è tanto combattere ogni singola teoria, quanto piuttosto educare le masse a pensare in modo critico, a valutare le fonti di informazione e a costruire una resilienza collettiva contro la disinformazione.

In conclusione, l'ascesa e la persistenza delle teorie della cospirazione rappresentano una sfida fondamentale per la società contemporanea. Affrontare questa sfida richiederà sforzi congiunti da parte di educatori, leader, media e cittadini per garantire che la verità e la fiducia possano prevale sul sospetto e sul dubbio. Il tessuto della società dipende dalla nostra capacità di navigare in queste acque tumultuose con discernimento e integrità.

8. Il ruolo della scienza e dell'istruzione • Teorie della cospirazione controverse come quelle legate ai vaccini. • L'importanza dell'educazione critica.

Il ruolo della scienza e dell'istruzione

La scienza e l'istruzione sono stati da sempre i baluardi contro l'ignoranza e la superstizione. In un mondo in cui le informazioni sono abbondanti, ma spesso fuorvianti, la loro importanza non può essere sottovalutata. Tuttavia, nonostante i progressi e le scoperte, la scienza e l'istruzione si trovano spesso in conflitto con le teorie della cospirazione.

Teorie della cospirazione controverse come quelle legate ai vaccini Un esempio emblematico di questo conflitto è rappresentato dalle teorie della cospirazione legate ai vaccini. La ricerca medica ha dimostrato ripetutamente che i vaccini sono sicuri e rappresentano uno dei metodi più efficaci per prevenire gravi malattie. Tuttavia, per decenni, alcune persone hanno sostenuto che i vaccini causano l'autismo o altre condizioni mediche, nonostante non ci sia alcuna prova scientifica a sostegno di tali affermazioni. Queste teorie cospirative sui vaccini non solo mettono in pericolo la salute individuale, ma compromettono anche l'immunità di gregge, mettendo a rischio intere comunità.

Il modo in cui queste teorie prendono piede, nonostante la montagna di prove scientifiche contrarie, è un chiaro esempio di come le emozioni, la sfiducia e la disinformazione possano sovrastare la logica e il buon senso. Molte persone, guidate dalla paura o dallo scetticismo verso le istituzioni, cercano conferme alle loro credenze piuttosto che informarsi obiettivamente.

L'importanza dell'educazione critica Qui entra in gioco l'importanza cruciale dell'istruzione critica. L'istruzione non si limita a trasmettere informazioni, ma dovrebbe anche insegnare alle persone come pensare, non cosa pensare. L'educazione critica insegna agli individui a valutare le informazioni, a distinguere tra fonti affidabili e non affidabili e a sviluppare un pensiero logico e razionale.

Il metodo scientifico, per esempio, non è solo un insieme di procedure ma è anche un approccio mentale. Esso insegna a porsi domande, a cercare prove e a essere disposti a cambiare opinione alla luce di nuove informazioni. Questo tipo di pensiero critico è l'antidoto più efficace contro le teorie della cospirazione.

Tuttavia, affinché l'istruzione critica sia efficace, deve essere integrata in tutto il curriculum, dalla scuola materna all'istruzione superiore. Inoltre, l'educazione deve andare oltre la classe. I media, i leader comunitari e le famiglie hanno un ruolo da svolgere nell'incoraggiare un pensiero critico e razionale.

In conclusione, mentre le teorie della cospirazione possono sembrare persuasive e accattivanti, la scienza e l'istruzione critica offrono gli strumenti per vedere oltre le illusioni e identificare la verità. In un'era di disinformazione e sfiducia, promuovere l'istruzione e la scienza è più importante che mai per garantire una società informata e resiliente.

L'interazione tra scienza, istruzione e teorie della cospirazione è profondamente intrecciata e rispecchia la tensione tra conoscenza e incredulità che esiste da secoli. In passato, durante il Rinascimento, ad esempio, il progresso scientifico veniva spesso visto con sospetto e considerato eretico. In una certa misura, ciò rispecchia ciò che accade oggi, dove alcune scoperte scientifiche sono viste con scetticismo o addirittura respinte da alcune frange della società.

L'avanzamento della tecnologia ha permesso un accesso senza precedenti alle informazioni. Mentre questa apertura ha i suoi vantaggi, ha anche creato un terreno fertile per la diffusione di informazioni non verificate o fuorvianti. Le persone sono bombardate da informazioni da tutte le direzioni, e diventa sempre più difficile distinguere fatti da finzione. In questo mare di informazioni, le teorie della cospirazione prosperano, alimentate da una combinazione di sfiducia nelle istituzioni tradizionali e dalla tendenza umana a cercare modelli e connessioni, anche quando non esistono.

Il problema dei vaccini, come già menzionato, è solo la punta dell'iceberg. Ci sono molte altre aree in cui la scienza è in conflitto con le teorie popolari non supportate da prove. Prendiamo, ad esempio, le affermazioni sul cambiamento climatico. Nonostante una schiacciante consenso scientifico che attesta l'impatto dell'attività umana sul cambiamento climatico, esistono ancora individui e gruppi che respingono queste conclusioni come parte di un'agenda nascosta.

L'istruzione critica, come soluzione a questo problema, non si limita solo alla scuola. È essenziale che le persone siano esposte a un pensiero critico in ogni fase della loro vita. Ciò implica una formazione continua, workshop e programmi che sfidano costantemente gli individui a esaminare e reinterrogare le proprie convinzioni.

Le università e gli istituti di ricerca hanno un ruolo cruciale da svolgere in questo. Devono impegnarsi attivamente nella divulgazione pubblica, portando la scienza alle persone in modi che siano sia comprensibili sia coinvolgenti. Questo può includere tutto, dai seminari pubblici e le conferenze, ai podcast e ai video educativi.

Oltre a ciò, le istituzioni scientifiche dovrebbero lavorare a stretto contatto con i media per garantire che le informazioni scientifiche vengano presentate in modo accurato e senza distorsioni. Questa partnership è vitale, poiché i media giocano un ruolo significativo nella formazione delle opinioni pubbliche.

Ma forse, una delle chiavi più cruciali per contrastare la diffusione di teorie della cospirazione è la creazione di una cultura in cui l'errore e il cambiamento di opinione siano visti non come segni di debolezza, ma come parte integrante del processo di apprendimento e crescita. Se le persone non temono di ammettere che potrebbero aver sbagliato o di cambiare idea alla luce di nuove informazioni, potrebbero essere meno inclini a aggrapparsi a credenze errate anche di fronte a prove schiaccianti.

La dialettica tra scienza, istruzione e teorie della cospirazione rappresenta uno degli spaccati più interessanti dell'epoca moderna. È una manifestazione tangibile della lotta tra conoscenza empiricamente validata e il bisogno umano di trovare significato, ordine e, in alcuni casi, semplici risposte a questioni complesse.

La scienza, nella sua essenza, è una continua ricerca della verità. Si basa sul metodo scientifico, che incoraggia l'osservazione, l'esperimentazione e la revisione peer-to-peer per garantire l'accuratezza delle informazioni. Tuttavia, proprio a causa di questa natura in continua evoluzione, può sembrare ambigua o incerta al pubblico generale. Quando nuovi dati emergono, le teorie scientifiche possono essere adattate o modificate, ma questa plasticità è spesso mal interpretata come incertezza piuttosto che come un approccio adattivo alla comprensione.

D'altro canto, l'istruzione è il mezzo attraverso il quale la conoscenza scientifica viene trasmessa alle masse. Ma l'istruzione, per essere efficace, non può limitarsi a un trasferimento unidirezionale di informazioni. Deve promuovere il pensiero critico, l'analisi e la capacità di interrogare e valutare le informazioni. L'educazione non dovrebbe solo insegnare *cosa* pensare ma *come* pensare.

Le teorie della cospirazione, nel frattempo, offrono spiegazioni seduttive e spesso semplificate a problemi complessi. Esse prosperano nell'ambiguità e nella sfiducia, e nel clima attuale di saturazione mediatica e polarizzazione, trovano terreno fertile per crescere e propagarsi.

Pertanto, il vero antidoto alle teorie della cospirazione non è solo rafforzare la scienza o ampliare l'istruzione, ma piuttosto coltivare una cultura della curiosità, dell'apertura mentale e della comprensione critica. Una società che valuta e rispetta la ricerca empirica, che insegna ai suoi membri a pensare in modo critico e che promuove la comprensione e l'accettazione dell'evoluzione del sapere è una società resiliente alle trappole delle teorie della cospirazione.

In conclusione, in un'epoca in cui le "fake news" e la disinformazione possono diffondersi rapidamente, è di vitale importanza che la scienza e l'istruzione siano al centro del discorso pubblico. Ma, più fondamentalmente, occorre coltivare una mentalità collettiva che sia curiosa, critica e sempre pronta a imparare e ad adattarsi. Solo allora possiamo sperare di navigare nel complesso paesaggio informativo del XXI secolo con chiarezza e saggezza.

9. Casistiche famose

Le teorie della cospirazione hanno avuto un impatto significativo sulla percezione pubblica di eventi storici noti. Due dei casi più emblematici che hanno generato una quantità vasta di speculazioni e dibattiti sono gli attacchi dell'11 settembre 2001 e l'assassinio del presidente John F. Kennedy. Questi eventi, data la loro risonanza mondiale, hanno dato vita a numerose teorie che, in alcuni casi, sono diventate quasi tanto popolari quanto le spiegazioni ufficiali.

Attacchi dell'11 settembre: L'11 settembre 2001, una serie di attacchi terroristici coordinati da al-Qaeda ha colpito gli Stati Uniti. Quattro aerei passeggeri sono stati dirottati da terroristi: due sono stati fatti schiantare contro le Torri Gemelle del World Trade Center a New York, causandone il crollo; un terzo ha colpito il Pentagono ad Arlington, Virginia; e il quarto, il Volo United Airlines 93, si è schiantato in un campo in Pennsylvania dopo che i passeggeri avevano tentato di riconquistare l'aereo dai dirottatori.

Quasi immediatamente dopo questi attacchi, iniziarono a circolare teorie alternative su ciò che era realmente accaduto quel giorno. Alcune delle teorie suggerivano che il governo degli Stati Uniti era stato coinvolto o addirittura che gli attacchi fossero stati un lavoro interno per giustificare la guerra in Medio Oriente. Altre teorie puntavano su presunte anomalie nelle immagini delle torri che crollavano, suggerendo l'uso di esplosivi controllati. Nonostante queste teorie siano state ampiamente smentite da esperti e investigazioni ufficiali, continuano a persistere per alcuni.

L'assassinio di JFK: Il 22 novembre 1963, il presidente John F. Kennedy fu assassinato a Dallas, Texas. Lee Harvey Oswald fu arrestato e accusato dell'omicidio, ma fu ucciso due giorni dopo da Jack Ruby prima di poter essere processato.

L'assassinio di JFK ha dato vita a una miriade di teorie della cospirazione, alcune delle quali sono diventate cultura popolare. Le teorie variano ampiamente: dal coinvolgimento della mafia, al governo cubano, all'ipotesi che ci fossero più tiratori il giorno dell'assassinio. La Commissione Warren, istituita per indagare sull'assassinio, concluse che Oswald aveva agito da solo. Tuttavia, molte persone hanno messo in discussione le conclusioni della Commissione, sostenendo che ci fossero incongruenze nelle prove o che vi fosse una copertura da parte delle alte sfere del governo.

In entrambi i casi, ciò che è chiaro è che questi eventi traumatici hanno lasciato un vuoto di comprensione. Questo vuoto, combinato con la sfiducia nelle istituzioni e la naturale tendenza umana a cercare modelli e significati, ha portato alla nascita e alla proliferazione di teorie alternative che cercano di spiegare questi avvenimenti tragici. Anche se molte di queste teorie sono state smentite, la loro esistenza stessa dimostra la profonda necessità umana di trovare ordine e comprensione in mezzo al caos. La natura stessa delle teorie della cospirazione ha la tendenza di fiorire in periodi di incertezza o dopo eventi di grande portata. A tale proposito, l'11 settembre e l'assassinio di JFK rappresentano terreni fertili per le speculazioni, dato l'immenso impatto emotivo e politico che hanno avuto sulla società. Entrambi gli eventi hanno portato alla ricerca spasmodica di risposte, spesso oltre quelle fornite dalle autorità.

Dopo l'11 settembre, ad esempio, si è sollevato un intenso dibattito riguardo alla capacità di un incendio, causato dall'impatto degli aerei, di far crollare edifici in acciaio come le Torri Gemelle. Molti sostenitori delle teorie della cospirazione hanno evidenziato video e testimonianze che, secondo loro, indicavano esplosioni alla base delle torri prima del loro crollo. Inoltre, il crollo del World Trade Center 7, un edificio vicino alle Torri Gemelle che non fu direttamente colpito da un aereo ma crollò lo stesso quel giorno, è stato al centro di molte speculazioni. Alcuni suggeriscono che il suo crollo fosse dovuto a una demolizione controllata.

Riguardo all'assassinio di JFK, le teorie della cospirazione non si sono limitate ai possibili tiratori o ai loro mandanti. Ci sono state speculazioni sul ruolo dell'FBI e della CIA, sulle incongruenze nei rapporti sulla ballistica e sull'analisi della famosa pellicola di Abraham Zapruder, che ha registrato l'assassinio in tempo reale. Quest'ultima è diventata una delle prove più studiate nella storia degli Stati Uniti, con analisti che hanno scrutato ogni frame alla ricerca di indizi. Alcuni cospirazionisti sostengono che la traiettoria delle pallottole che hanno colpito Kennedy non corrisponde alla posizione da cui Oswald avrebbe sparato, suggerendo la presenza di un secondo tiratore, posizionato sulla cosiddetta "collina erbosa".

Un ulteriore elemento che alimenta queste teorie è la morte di testimoni chiave o figure connesse a questi eventi. Nel contesto dell'assassinio di JFK, molte sono state le morti premature o sospette, che hanno alimentato l'idea che ci fosse un tentativo sistematico di copertura o di eliminazione di individui che potevano rivelare la "verità".

Allo stesso modo, dopo l'11 settembre, sono circolate voci secondo le quali alcuni ingegneri o professionisti che avevano espresso dubbi sulla versione ufficiale degli eventi fossero stati minacciati o fossero morti in circostanze misteriose.

Questi eventi, nella loro complessità e tragicità, sono diventati dei veri e propri simboli. La loro portata ha travalicato i fatti stessi, diventando rappresentazioni dei dubbi, delle paure e delle sfiducie delle persone verso le istituzioni. E in questa atmosfera, le teorie della cospirazione hanno trovato terreno fertile per crescere, prosperare e, in alcuni casi, radicarsi profondamente nella psiche collettiva.

L'intricato labirinto delle teorie della cospirazione spesso si avvicina a una sorta di narrazione storica alternativa, in cui i dettagli noti e accettati vengono reinterpretati o sfidati, dando vita a nuovi racconti.

Un altro caso spesso citato nel pantheon delle cospirazioni è l'atterraggio sulla Luna nel 1969. Ci sono coloro che sostengono che l'atterraggio non sia mai avvenuto e che sia stato un'elaborata messa in scena realizzata da Hollywood su richiesta del governo statunitense per vincere la "corsa allo spazio" contro l'Unione Sovietica. Gli argomenti variano dalla mancanza di stelle nelle foto scattate dagli astronauti, alla bandiera che sventola in un ambiente senza atmosfera, alle strane ombre presenti nelle fotografie. Anche se questi punti sono stati confutati da esperti in vari campi, la teoria ha ancora molti seguaci.

L'incidente di Roswell del 1947 è un altro pilastro nel mondo delle teorie cospirative. La storia ufficiale racconta di un pallone sonda schiantatosi a Roswell, nel Nuovo Messico. Tuttavia, le speculazioni sul fatto che fosse veramente un UFO e che il governo degli Stati Uniti avesse recuperato corpi alieni dal sito del disastro hanno alimentato decenni di teorie. Le successive smentite e rivelazioni del governo, piuttosto che placare le speculazioni, spesso le hanno alimentate, creando un circolo vizioso di sfiducia e sospetto.

Anche la morte della principessa Diana nel 1997 ha dato vita a una serie di teorie cospirative. Mentre la versione ufficiale attribuisce il suo decesso a un tragico incidente d'auto, alcune teorie suggeriscono che sia stata un'uccisione orchestrata, forse per impedire un matrimonio imminente o a causa di possibili rivelazioni scottanti sulla famiglia reale britannica.

È interessante notare come molte teorie della cospirazione ruotino attorno alla percezione di un potere nascosto o di un'entità sovra-nazionale che opera nell'ombra. Queste entità sono raffigurate come gruppi onnipotenti e onniscienti, capaci di manipolare eventi globali a loro piacimento. Questa narrativa, che potrebbe sembrare il soggetto di un romanzo di spionaggio o di un film thriller, trova risonanza in molte persone, probabilmente perché offre una spiegazione semplice a questioni complesse o eventi traumatici.

Alcune di queste teorie, con il passare del tempo, sono diventate quasi mitologiche, trasformandosi in racconti che vengono passati di generazione in generazione. E come ogni mito o leggenda, le versioni cambiano, si adattano e si evolvono, ma la loro essenza rimane: una storia che sfida la realtà ufficiale, che mette in discussione la narrativa dominante e che offre una versione alternativa degli eventi.

Oltre agli eventi e ai misteri su cui abbiamo già discusso, vi sono numerose altre vicende storiche e contemporanee che sono state avvolte dal velo delle teorie cospirative. Queste teorie, a volte, nascono da un piccolo granello di verità o da eventi inspiegabili che non trovano spiegazioni immediate o soddisfacenti.

La tragica morte di Marilyn Monroe nel 1962, ufficialmente classificata come un probabile suicidio, ha dato vita a innumerevoli teorie. Alcuni sostengono che sia stata assassinata a causa delle sue presunte relazioni con i fratelli Kennedy e che potesse rappresentare una minaccia rivelando segreti di stato. Queste speculazioni sono alimentate da elementi come le sue ultime telefonate e le circostanze misteriose della sua morte.

Un'altra teoria cospirativa ampiamente dibattuta riguarda la Società segreta Skull and Bones, di cui fanno parte studenti selezionati della prestigiosa Università di Yale. Si ritiene che molti membri di questa società abbiano ricoperto posizioni di grande potere negli Stati Uniti, tra cui presidenti e capi di industria. Le teorie suggeriscono che questa società segreta possa avere una notevole influenza sulle politiche globali e che operi dietro le quinte per promuovere i propri interessi.

La misteriosa Area 51, una base militare situata nel Nevada, è da lungo tempo al centro di speculazioni riguardanti UFO e tecnologia aliena. Anche se il governo degli Stati Uniti ha riconosciuto l'esistenza della base, le sue attività specifiche rimangono altamente classificate. Questo ha alimentato teorie che suggeriscono che l'Area 51 sia il luogo dove vengono condotti esperimenti su alieni e dove vengono studiate tecnologie extraterrestri.

La tragedia del volo MH370 della Malaysia Airlines nel 2014, che scomparve mentre era in volo e non è stato ancora ritrovato, ha anche dato vita a molteplici teorie della cospirazione. Queste vanno dall'idea che l'aereo sia stato abbattuto intenzionalmente o dirottato a quella che sia stato "rapito" da forze aliene. La mancanza di risposte definitive ha alimentato queste speculazioni.

Un tema ricorrente in molte teorie della cospirazione è l'idea del "potere occulto". Si tratta dell'idea che ci siano individui o gruppi che operano nell'ombra, orchestrando eventi globali secondo un'agenda nascosta. Questi potrebbero includere banchieri internazionali, elites globali o organizzazioni segrete come i Bilderberg o il Bohemian Grove.

L'attrattiva di queste teorie potrebbe risiedere nel desiderio umano di trovare risposte e significati in eventi che sembrano caotici o incomprensibili. In un mondo sempre più complesso, dove l'informazione è spesso frammentaria e sovrabbondante, queste teorie offrono una sorta di narrazione alternativa, un modo per connettere i punti e creare una storia coerente, anche se non sempre basata su fatti verificabili.

Le teorie della cospirazione, nel corso della storia, sono state un modo per gli esseri umani di cercare di dare un senso ai grandi misteri, alle coincidenze o agli eventi inspiegabili. Le casistiche famose che abbiamo esaminato rappresentano solo una piccola parte delle numerose teorie che circolano, ma sono emblematiche dell'influenza che tali teorie possono avere sull'opinione pubblica e sulla percezione degli eventi.

A partire dall'assassinio di JFK, un momento critico nella storia degli Stati Uniti, ci sono stati continui dibattiti e ricerche su cosa sia realmente accaduto quel fatidico giorno a Dallas. L'impatto di questa teoria, in particolare, ha condotto a profonde sfiducie verso il governo e ha gettato ombre di sospetto su molteplici entità, da organizzazioni governative a singoli individui. L'assassinio di JFK serve come un esempio lampante di come una teoria della cospirazione possa infiltrarsi nella psiche collettiva, portando molti a dubitare delle narrazioni ufficiali presentate dalle autorità.

Gli attacchi dell'11 settembre, d'altro canto, hanno portato a teorie che hanno sconvolto intere comunità e nazioni. Nonostante le molte indagini e le prove che contraddicono molte di queste teorie, la loro persistenza dimostra come eventi di grande impatto, specialmente quando sono avvolti da complessità e orrore, possono diventare terreno fertile per speculazioni e sospetti.

Nel contesto di questi eventi e di altri meno noti, ciò che emerge con chiarezza è il potere

delle narrazioni alternative. In un'era in cui
l'accesso all'informazione è più ampio che mai,
la capacità di discernere tra fatti concreti e
speculazioni diventa cruciale. Le teorie della
cospirazione possono offrire conforto a coloro
che si sentono sopraffatti o impotenti di fronte
ai grandi eventi globali, fornendo spiegazioni
semplici a problemi complessi o presentando
capri espiatori convenienti. Tuttavia, possono
anche distorcere la realtà, alimentare la paura e
l'odio, e portare a decisioni basate su false
premesse.

In conclusione, mentre le teorie della
cospirazione sono da sempre una componente
immutabile del tessuto socio-culturale
dell'umanità, è essenziale avvicinarsi a esse con
un senso critico e una mente aperta.
Riconoscere il potere e l'influenza di tali teorie,
sia storiche che contemporanee, ci consente di
affrontarle con maggiore consapevolezza e
discernimento, salvaguardando così la verità e
l'integrità della nostra comprensione del
mondo.

10. Teorie della cospirazione legate al potere economico • Rothschild, Rockefeller e altri. • La Federal Reserve.

Teorie della cospirazione legate al potere economico

L'ingresso delle famiglie potenti e delle istituzioni bancarie centrali nel pantheon delle teorie cospirative ha una lunga storia. Gli individui e le famiglie con vasti interessi finanziari sono spesso al centro delle speculazioni riguardanti il controllo occulto e manipolazione dell'economia mondiale e delle politiche globali. Andiamo a esaminare alcuni dei casi più emblematici.

Rothschild, Rockefeller e altri

Rothschild: Forse una delle famiglie più conosciute e spesso citate nel contesto delle teorie cospirative legate al potere economico è quella dei Rothschild. Originaria dell'Europa centrale, questa famiglia ebrea di banchieri si è espansa in tutta l'Europa nel corso del XVIII e XIX secolo, fondando filiali bancarie in principali città come Londra, Parigi, Vienna e Napoli. La loro influenza finanziaria e i loro prestiti a vari governi europei li hanno resi obiettivo di numerose teorie, molte delle quali gravemente antisemite. Si specula che controllino segretamente le finanze globali e orchestri eventi mondiali a loro vantaggio.

Rockefeller: La famiglia Rockefeller è un altro pilastro delle teorie cospirative legate al potere economico. Provenienti dagli Stati Uniti, hanno accumulato la loro fortuna attraverso il petrolio, con John D. Rockefeller che ha fondato la Standard Oil, che in seguito è stata divisa in diverse società, molte delle quali sono ancora oggi giganti del settore energetico. Si crede che abbiano influenzato segretamente la politica statunitense e mondiale per decenni attraverso la loro vasta ricchezza e le loro fondazioni filantropiche.

La Federal Reserve

La Federal Reserve (spesso chiamata semplicemente "Fed") è la banca centrale degli Stati Uniti e, a causa della sua importanza nell'economia mondiale, è frequentemente al centro delle teorie cospirative. Fondato nel 1913, il suo ruolo è quello di sovrintendere alla politica monetaria degli Stati Uniti, stabilizzare i prezzi e massimizzare l'occupazione.

Tuttavia, la sua fondazione e le sue operazioni sono state spesso avvolte in mistero per il pubblico generale, portando a speculazioni. Una delle teorie più popolari sostiene che la Fed non sia una parte legittima del governo federale, ma piuttosto un'entità privata gestita da banche globali per il proprio beneficio. Si dice che, attraverso la Fed, queste banche esercitino un controllo occulto sull'economia globale.

Altre teorie suggeriscono che la Fed sia responsabile della creazione di bolle economiche e crisi, con l'obiettivo di consolidare ulteriormente il potere nelle mani di un'élite finanziaria.

Queste teorie, anche se ampiamente smentite da storici ed economisti, persistono. In molti casi, sono alimentate da comprensioni errate o semplificate del sistema finanziario e dalla natura segreta o complessa delle operazioni bancarie. Essere critici e ben informati è fondamentale quando ci si avvicina a tali teorie, poiché la distorsione dei fatti può avere ripercussioni reali e dannose sulla società e sull'economia.

L'analisi delle teorie cospirative legate al potere economico richiede di esplorare l'intricata rete di famiglie, istituzioni e eventi storici che sono stati frequentemente utilizzati come tessere di un mosaico più ampio. Andando oltre Rothschild, Rockefeller e la Federal Reserve, emergono altri temi ricorrenti e figure controverse.

Goldman Sachs e le "Big Banks": Goldman Sachs, insieme ad altre banche d'investimento come JP Morgan e Morgan Stanley, è spesso al centro di teorie cospirative. Si sostiene che queste banche abbiano un'influenza sproporzionata su Wall Street e le politiche governative. I critici puntano spesso al flusso di personale tra Goldman e posizioni governative di alto livello come prova di un'influenza occultata.

Le "Sette Sorelle" del Petrolio: A metà del XX secolo, sette delle più grandi compagnie petrolifere (Exxon, Mobil, Chevron, Gulf Oil, Texaco, BP, e Shell) dominavano l'industria petrolifera mondiale. Queste compagnie, note come le "Sette Sorelle", sono state spesso accusate di manipolare prezzi, politica e anche eventi globali per mantenere il loro controllo sul mercato del petrolio.

Soros e speculatori finanziari: George Soros, un investitore miliardario e filantropo, è diventato un obiettivo comune nelle teorie cospirative. A causa delle sue scommesse speculative contro le valute e del suo sostegno a varie cause liberali attraverso la sua Open Society Foundations, molti lo accusano di manipolare eventi politici e finanziari.

Club Bilderberg: Fondato nel 1954, il Club Bilderberg è una conferenza annuale che riunisce circa 130-140 ospiti, tra cui leader politici, esperti di finanza, accademici e giornalisti. La natura privata di questi incontri ha alimentato speculazioni e teorie che sostengono che il gruppo prenda decisioni chiave che influenzano la geopolitica mondiale in segreto.

Bretton Woods e l'abbandono dello standard oro: Nel 1944, rappresentanti di 44 nazioni si riunirono a Bretton Woods, nel New Hampshire, per stabilire un nuovo sistema finanziario internazionale. Questo sistema legò le valute al dollaro americano, che a sua volta era legato all'oro. Tuttavia, nel 1971, gli Stati Uniti abbandonarono lo standard oro, dando inizio a un'era di valute fiat. Questo passaggio è stato spesso citato nelle teorie cospirative come un modo per le élite finanziarie di controllare l'economia mondiale.

Organizzazioni internazionali: Istituzioni come il Fondo Monetario Internazionale (FMI) e la Banca Mondiale sono spesso al centro delle teorie cospirative. Si sostiene che queste organizzazioni impongano politiche economiche ai paesi in via di sviluppo, garantendo la supremazia delle élite economiche occidentali.

Economia delle zone d'ombra: Si crede che ci sia un'intera economia sotterranea controllata da reti di élite che traggono profitti da mercati illegali, evasione fiscale e altre attività clandestine. Questa "economia d'ombra" sarebbe una delle principali fonti di potere per questi gruppi.

È essenziale sottolineare che, mentre alcuni di questi elementi sono basati su fatti storici o eventi reali, la loro interpretazione o la loro collocazione in una rete più ampia di controllo globale spesso si basa su speculazioni o distorsioni.

Monopoli e cartelli: Lungo tutto il XX secolo, numerose industrie sono state dominate da cartelli o monopoli. Questi gruppi, spesso con una forte concentrazione di potere, sono stati accusati di manipolare mercati, prezzi e persino la politica. Uno degli esempi più noti è il cartello De Beers che per decenni ha controllato la produzione e la distribuzione di diamanti in tutto il mondo, influenzando notevolmente i prezzi.

Think Tanks e lobbies: Gruppi di riflessione come il Council on Foreign Relations, la Trilateral Commission e l'American Enterprise Institute sono spesso al centro delle teorie cospirative economiche. Si sostiene che queste organizzazioni influenzino le politiche economiche e politiche al di là delle loro dichiarazioni di missione pubbliche, spingendo per un ordine mondiale dominato dalle élite finanziarie.

Offshore e paradisi fiscali: Luoghi come le Isole Cayman, Panama e Svizzera sono noti come rifugi per il capitale globale. La capacità di trasferire enormi somme di denaro in queste giurisdizioni, spesso con poca o nessuna tassazione, è stata un'ossessione per chi crede che le élite economiche operino al di fuori del controllo dei governi nazionali.

Le bozze della moneta mondiale: In vari momenti della storia recente, ci sono state proposte per creare una forma unica di valuta globale. Sebbene queste proposte non abbiano mai preso piede, sono diventate un argomento ricorrente nelle teorie cospirative, con la convinzione che una moneta mondiale potrebbe dare alle élite economiche un controllo senza precedenti sulle finanze globali.

Acquisti di terreni e risorse in Africa: Negli ultimi decenni, vi è stata una significativa acquisizione di terreni e risorse in Africa da parte di entità estere. Questi "acquisti di terreni" sono stati criticati come una nuova forma di colonialismo, con potenze estere che sfruttano le risorse del continente per i loro interessi.

Gli accordi di libero scambio: Gli accordi come il NAFTA (Accordo nordamericano di libero scambio) o il TTIP (Partenariato transatlantico per il commercio e gli investimenti) sono spesso al centro delle teorie cospirative. Si sostiene che questi accordi siano progettati non solo per favorire le grandi corporazioni, ma anche per ridurre la sovranità nazionale, permettendo alle élite economiche di operare senza restrizioni.

Tecnologie emergenti e controllo: Con l'ascesa delle criptovalute come Bitcoin, ci sono state teorie che suggeriscono che queste nuove forme di denaro potrebbero essere un modo per le élite economiche di sfuggire al controllo statale. Allo stesso modo, l'adozione di tecnologie come l'intelligenza artificiale e l'automazione potrebbe essere vista come un mezzo per concentrare ulteriormente il potere economico.

L'influenza delle corporation multinazionali: Aziende come Apple, Amazon e Google sono diventate potenze globali con risorse finanziarie che superano quelle di molti paesi. La loro capacità di influenzare politiche, mercati e persino la cultura è stata al centro di molte teorie cospirative, suggerendo che queste aziende potrebbero avere un'agenda nascosta per consolidare il potere economico.

Anche in questo contesto, è fondamentale distinguere tra le legittime preoccupazioni circa la concentrazione del potere economico e le

teorie cospirative infondate. Molte delle
questioni sopra menzionate hanno basi reali e
sono argomento di legittimo dibattito pubblico,
ma la loro interpretazione all'interno di una
struttura cospirativa può distorcere la realtà e
oscurare le questioni reali.

Mercati e manipolazione: Uno degli aspetti
più discussi delle teorie della cospirazione
economiche riguarda la manipolazione dei
mercati finanziari. Si sostiene che istituti come
la Federal Reserve, insieme ad altre banche
centrali, manipolino i mercati, controllando le
oscillazioni del mercato azionario, le valute e i
tassi d'interesse. Queste speculazioni derivano
dalla percezione che le banche centrali hanno
un controllo assoluto sul sistema monetario e
che, attraverso operazioni segrete, possano
causare crisi economiche o periodi di prosperità
a proprio piacimento.

Globalizzazione e controllo: L'ascesa della
globalizzazione è stata spesso associata
all'espansione del potere delle corporazioni
multinazionali e delle élite finanziarie. Questa
narrativa suggerisce che, mentre la
globalizzazione ha portato benefici economici ad
alcuni, ha anche facilitato la capacità delle élite

di consolidare il potere, spesso a scapito dei lavoratori e dei governi locali. La creazione di organizzazioni come l'Organizzazione Mondiale del Commercio (OMC) e il Fondo Monetario Internazionale (FMI) viene spesso vista come parte di questo processo, con queste entità che servono gli interessi delle grandi corporazioni piuttosto che delle persone comuni.

Evasione fiscale e accumulo di ricchezza: La concentrazione della ricchezza è diventata una preoccupazione crescente a livello globale. Teorie cospirative hanno sottolineato l'uso di schemi fiscali complessi, fondi offshore e strutture aziendali intricate come mezzo per le élite economiche di evadere le tasse e accumulare ricchezza. Queste preoccupazioni sono state amplificate dalle rivelazioni di documenti come i Panama Papers e i Paradise Papers, che hanno esposto come i ricchi e potenti possono sfruttare lacune legali per proteggere la loro ricchezza.

La speculazione delle materie prime: Alcune teorie sostengono che grandi banche e fondi d'investimento manipolino il prezzo delle materie prime come petrolio, oro e cibo. Questo controllo, affermano, permette a queste entità di profittare sia delle ascese che delle cadute dei prezzi, spesso a scapito dei consumatori e dei produttori.

Agende nascoste delle conferenze economiche: Eventi come il Forum Economico Mondiale a Davos o i incontri del Gruppo Bilderberg sono visti da alcuni come luoghi dove le élite economiche pianificano segretamente il futuro dell'economia mondiale. Sebbene questi eventi siano spesso presentati come forum di discussione aperta, alcuni teorici della cospirazione sostengono che siano il fulcro delle decisioni economiche globali, prese lontano dall'occhio pubblico.

L'ascesa delle mega-corporazioni: La fusione e l'acquisizione di aziende in diverse industrie hanno portato alla creazione di mega-corporazioni con poteri senza precedenti. Queste entità, si sostiene, hanno la capacità di influenzare le decisioni politiche, di controllare interi settori dell'economia e di manipolare l'opinione pubblica attraverso i media di loro proprietà.

Finanza ombra: La "finanza ombra" si riferisce alle attività finanziarie che avvengono al di fuori del sistema bancario tradizionale, come i fondi speculativi, i fondi di private equity e altri veicoli di investimento. Si sostiene che queste entità operino al di fuori della regolamentazione e del controllo, consentendo alle élite economiche di sfruttare il sistema per il proprio guadagno.

La complessità del sistema economico mondiale fornisce un terreno fertile per la speculazione e la sfiducia. Mentre alcune di queste teorie contengono granelli di verità, è essenziale avvicinarsi ad esse con uno spirito critico, distinguendo tra preoccupazioni legittime e teorie infondate.

La vasta rete di interconnessioni economiche che tessono il mondo moderno ha sempre generato un'ampia speculazione. La struttura e le funzioni delle istituzioni finanziarie, in particolare quelle che operano a livelli elevati, come la Federal Reserve o le famiglie economicamente influenti come i Rothschild e i Rockefeller, sono argomenti che spesso sono avvolti in una nuvola di complessità e segretezza. Questa complessità intrinseca, combinata con la natura umana di cercare modelli e significati, ha portato alla nascita e proliferazione di numerose teorie della cospirazione.

Nel contesto economico, queste teorie tendono a concentrarsi su presunte manovre segrete per controllare le risorse globali, manipolare eventi economici chiave e concentrare la ricchezza nelle mani di pochi selezionati. La speculazione sulle motivazioni e le azioni di queste élite economiche solleva preoccupazioni valide sulla trasparenza, l'equità e la responsabilità nel sistema finanziario globale.

D'altra parte, vi è una tendenza problematica a semplificare e demonizzare certi gruppi o individui, ignorando spesso la complessità e la multifaccettatura delle realtà economiche. Ad esempio, mentre è vero che organizzazioni come la Federal Reserve hanno un'influenza significativa sull'economia, presentarle come pupazzi di famiglie particolari o come parte di una cospirazione per il dominio mondiale è una semplificazione eccessiva. Questa generalizzazione può portare a interpretazioni erronee e, in ultima analisi, a decisioni mal informate da parte del pubblico.

Inoltre, bisogna riconoscere che viviamo in un'epoca di accesso senza precedenti all'informazione. Mentre questo può semplificare la diffusione di teorie cospirative, offre anche l'opportunità di verificare e sfidare tali teorie. La chiave è promuovere un'educazione critica e incoraggiare le persone a cercare fonti affidabili, a mettere in discussione le proprie convinzioni e a rimanere aperte a una varietà di prospettive.

In conclusione, mentre le teorie della cospirazione legate al potere economico sollevano domande importanti sulla struttura e la trasparenza del nostro sistema finanziario globale, è fondamentale approcciarsi a tali teorie con un sano scetticismo. Esaminare le affermazioni, considerare le fonti e comprendere la complessità del mondo economico sono passi essenziali per separare la realtà dalla finzione nel contesto delle teorie economiche della cospirazione.

La cospirazione e la religione

La religione, con le sue radici profonde nella storia e nella cultura umana, ha sempre giocato un ruolo centrale nella formazione dell'identità collettiva e individuale. Essa offre risposte esistenziali e fornisce una guida morale. Ma, come ogni potente sistema di credenze, può anche essere utilizzato - o piuttosto abusato - come mezzo per manipolare le masse o giustificare azioni controverse. In questo contesto, molte teorie della cospirazione sono emerse nel corso dei secoli, collegando eventi storici, figure religiose e presunte agende segrete.

Il Protocollo dei Savi di Sion Il "Protocollo dei Savi di Sion" è uno dei più infami e duraturi esempi di una teoria della cospirazione basata su un falso. Pubblicato per la prima volta nei primi anni del XX secolo, il documento pretende di rivelare un piano segreto degli ebrei per conquistare il mondo. Nonostante sia stato smascherato come un falso già negli anni '20, il documento è stato utilizzato come giustificazione per l'antisemitismo e come propaganda contro gli ebrei in varie parti del mondo, tra cui la Russia zarista e la Germania nazista.

L'Anticristo e la fine dei tempi La figura dell'Anticristo e le profezie relative alla fine dei tempi hanno radici nella teologia cristiana. L'Anticristo è tradizionalmente visto come una figura malvagia che emergerà alla fine dei tempi, opponendosi a Cristo e seducendo molte persone con false dottrine. Questa figura è stata interpretata e reinterpretata in molti modi nel corso della storia, spesso venendo associata a leader politici o eventi mondiali.

Molti credenti vedono le profezie bibliche come avvertimenti letterali, mentre altri le interpretano in modo simbolico. Tuttavia, nel corso della storia, alcune persone o gruppi hanno sfruttato queste credenze per avanzare agende particolari, collegando eventi attuali alle profezie e sostenendo che la fine dei tempi è imminente. Ciò ha spesso portato a panico, movimenti millenaristi o comportamenti distruttivi.

In un'epoca in cui l'informazione si diffonde rapidamente e in modo capillare grazie ai media digitali, le teorie della cospirazione legate alla religione possono avere un impatto significativo sulle percezioni e sul comportamento delle persone. Sebbene la religione possa offrire conforto e guida, è fondamentale esaminare con spirito critico le affermazioni che cercano di collegare dogmi religiosi a teorie cospirative. Questo aiuta a prevenire l'escalation di paura, l'odio e la disinformazione.

La cospirazione e la religione, quindi, hanno una storia intrecciata, con la religione che spesso viene utilizzata come uno strumento per giustificare o promuovere credenze cospirative. È essenziale riconoscere queste intersezioni, ma anche promuovere un approccio critico e riflessivo ai dogmi religiosi e alle teorie cospirative.

Le teorie della cospirazione legate alla religione sono una manifestazione dell'interazione tra la psicologia umana, le credenze profondamente radicate e gli eventi del mondo reale. Le persone cercano risposte e, quando le spiegazioni convenzionali sembrano inadeguate o nascoste, la religione può spesso offrire un quadro familiare e rassicurante.

L'Islam e la cospirazione Prendendo, ad esempio, l'Islam, alcune teorie della cospirazione suggeriscono che ci sia un piano occidentale per sminuire o distruggere l'Islam come religione. Queste idee sono radicate in eventi storici come le Crociate o le colonizzazioni moderne, e sono state alimentate da politiche contemporanee e interventi militari in paesi a maggioranza musulmana. Inoltre, l'equazione errata e ingiusta dell'Islam con il terrorismo da parte di alcune frange estremiste ha portato ad ulteriori speculazioni e sfiducia.

Gli evangelici e la teoria del "complotto mondiale"

Negli Stati Uniti, alcuni gruppi evangelici conservatori vedono la formazione di un "governo mondiale" come il preludio all'ascesa dell'Anticristo. Istituzioni come le Nazioni Unite, o concetti come il "Nuovo Ordine Mondiale", vengono spesso interpretati attraverso questa lente. Questa visione è stata rafforzata da popolari serie di libri come "Left Behind", che descrive un futuro apocalittico basato su interpretazioni letterali di profezie bibliche.

Messianismo e figure salvifiche

In molte tradizioni religiose, l'aspettativa di un messia o di una figura salvifica è potente. Questa attesa può essere facilmente manipolata o interpretata in chiave cospirativa. Quando emergono figure carismatiche che sostengono di avere risposte o soluzioni, possono essere sia venerate come figure messianiche sia demonizzate come impostori o agenti del male. In entrambi i casi, la reazione emotiva e la profonda connessione religiosa possono alimentare teorie cospirative.

Religioni minori e sette Le religioni minori o le sette sono spesso al centro delle teorie della cospirazione. A volte, ciò è dovuto a pratiche o credenze poco convenzionali. In altri casi, può derivare da episodi reali di comportamenti illeciti o manipolativi da parte dei leader. Ad esempio, la Chiesa di Scientology è stata spesso al centro di dibattiti e controversie riguardo alle sue pratiche e alle sue influenze politiche e sociali.

È anche importante notare come le teorie della cospirazione religiose possano avere origini esterne. Opponenti e nemici possono creare o diffondere teorie cospirative per sminuire o delegittimare una particolare fede o gruppo religioso.

In conclusione, quando religione e cospirazione si intrecciano, la combinazione può essere potente e potenzialmente pericolosa. Le credenze religiose toccano il cuore e l'anima delle persone, e quando vengono mescolate con la paura, la sfiducia e la disinformazione, possono portare a divisioni profonde, a comportamenti estremi e, in alcuni casi, a violenza.

Cospirazione e Religione: Riflessioni Finali

Il legame tra cospirazione e religione è complesso, con radici che affondano profondamente nella storia dell'umanità. Al centro di questa interazione c'è un bisogno umano fondamentale di comprensione e di ordine in un mondo caotico.

1. **Origini Storiche**: La storia ci mostra che le teorie della cospirazione legate alla religione sono state presenti per millenni. Dal cristianesimo primitivo, perseguitato nell'Impero Romano e convinto dell'imminente fine del mondo, alle accuse di stregoneria nel Medioevo, la religione ha spesso fornito un terreno fertile per le teorie del complotto.
2. **Bisogno di Ordine**: La religione risponde a domande esistenziali fondamentali sul significato, la vita, la morte e il divino. Quando eventi incomprensibili o tragici accadono, l'essere umano cerca risposte. Se le risposte ufficiali o logicamente plausibili sono

insoddisfacenti, si possono cercare spiegazioni alternative. Qui, le teorie della cospirazione e la religione possono intrecciarsi, offrendo una risposta che, anche se non provata, può soddisfare sia la logica che l'anima.

3. **Impatto Sociale**: Le teorie della cospirazione legate alla religione possono avere gravi ripercussioni sociali. Possono alimentare l'intolleranza, la discriminazione e, in alcuni casi, giustificare la violenza. Ad esempio, l'antisemitismo, spesso mascherato dietro teorie del complotto come il Protocollo dei Savi di Sion, ha avuto tragiche conseguenze nella storia.

4. **Educazione e Conoscenza**: Una conoscenza approfondita delle varie tradizioni religiose può aiutare a contrattaccare le teorie della cospirazione. Comprendere le credenze e le pratiche di una fede può demistificare e ridurre le paure infondate. L'istruzione può anche fornire gli strumenti critici necessari per analizzare e smentire teorie cospirative infondate.

5. **Ruolo delle Comunità Religiose**: Le comunità religiose hanno una responsabilità nell'affrontare le teorie della cospirazione che emergono al loro interno. Educare i fedeli, promuovere il dialogo interreligioso e costruire ponti con la società più ampia possono ridurre l'attrattiva delle teorie del complotto.

In conclusione, mentre le teorie della cospirazione legate alla religione sono una costante storica, la loro forma e impatto possono variare. In un'era di rapida diffusione delle informazioni e di polarizzazione crescente, è essenziale affrontare queste idee con una combinazione di educazione, dialogo e comprensione. Solo attraverso una maggiore consapevolezza e un impegno attivo possiamo sperare di ridurre l'influenza di tali teorie e costruire società più inclusive e tolleranti.

Cospirazioni e Cultura Popolare

L'influenza delle teorie della cospirazione non si limita alle sfere della politica, della religione o dell'economia; ha permeato profondamente anche la cultura popolare. Film, musica e letteratura hanno riflettuto, e talvolta amplificato, le convinzioni cospiratorie del pubblico, dando loro una piattaforma più ampia e rendendo tali idee accessibili a un pubblico più vasto.

1. **Film**: Il cinema, con la sua capacità di coinvolgere visivamente lo spettatore, ha spesso portato in primo piano le teorie della

cospirazione. Pellicole come "JFK" di Oliver Stone hanno sollevato dubbi sulle circostanze dell'assassinio del presidente Kennedy, mentre film come "The Da Vinci Code" hanno esplorato cospirazioni legate alla Chiesa e alla storia di Cristo. Questi film non solo intrattengono, ma possono anche influenzare la percezione del pubblico sulla realtà degli eventi storici.

2. **Musica**: La musica, soprattutto nel genere rap e hip-hop, ha spesso affrontato temi di oppressione, controllo governativo e cospirazioni. Artisti come Tupac Shakur e Public Enemy hanno rilasciato brani che parlano di complotti governativi, controllo dei media e oppressione. Anche al di fuori dell'hip-hop, artisti come Bob Dylan e The Beatles sono stati al centro di teorie cospiratorie o hanno alluso a tali idee nelle loro canzoni.

3. **Letteratura**: La letteratura offre una piattaforma dove le teorie cospiratorie possono essere esplorate in profondità, sia come fatti che come finzione. Libri come "1984" di George Orwell e "Il Complotto contro l'America" di Philip Roth presentano visioni distopiche basate su idee cospiratorie. Mentre questi sono romanzi di finzione, hanno influenzato la percezione delle reali dinamiche di potere e controllo nella società. D'altra parte, libri come "Behold a Pale Horse" di William Cooper hanno

cercato di esporre presunte cospirazioni reali, influenzando generazioni di teorici del complotto.

Questo intreccio tra cospirazione e cultura popolare è una spada a doppio taglio. Da un lato, può aumentare la consapevolezza di potenziali ingiustizie e incoraggiare lo scetticismo sano verso le narrative ufficiali. D'altra parte, può anche diffondere disinformazione e perpetuare miti infondati.

Il potere della cultura popolare risiede nella sua capacità di raggiungere masse di persone, formando o influenzando le loro opinioni. Pertanto, è fondamentale che il pubblico mantenga un approccio critico verso queste rappresentazioni, distinguendo tra intrattenimento e fatti. Eppure, indipendentemente dal grado di verità delle rappresentazioni cospiratorie nella cultura popolare, esse rimangono testimonianza della profonda influenza che tali idee hanno sul tessuto della società moderna.

Nell'era moderna, la cultura popolare ha assunto un ruolo sempre più importante nella formazione della percezione pubblica di eventi storici, personaggi e ideologie. Questo potere di plasmare le opinioni è doppio quando si parla di teorie della cospirazione, perché la rappresentazione di tali teorie nei media può legittimare, diffondere o sminuire tali credenze.

Serie televisive: Mentre i film hanno il potere di presentare una narrazione in un arco di due o tre ore, le serie televisive possono esplorare concetti complessi nel corso di stagioni, offrendo una profondità che il cinema spesso non può permettersi. Serie come "The X-Files" hanno gettato le basi per una generazione di scettici, con la sua celebre frase "I want to believe" diventata un mantra per molti. Questa serie, in particolare, ha esplorato numerose cospirazioni, dalla presenza di alieni al coinvolgimento del governo in segreti inconfessabili.

Videogiochi: Nel mondo dei videogiochi, titoli come la serie "Assassin's Creed" si sono immersi profondamente nelle teorie della cospirazione, mescolando fatti storici con finzione per creare trame avvincenti che abbracciano millenni di storia e coinvolgono società segrete come i Templari e gli Assassini.

Podcast e Documentari: Con l'ascesa del digitale, i podcast e i documentari sono diventati sempre più popolari come mezzo per esplorare e discutere teorie della cospirazione. Mentre alcuni di questi sono puramente speculativi e intrattenitivi, altri si sforzano di offrire una ricerca approfondita, presentando interviste, prove e analisi critiche.

Fashion e Branding: Anche il mondo della moda e del branding non è immune dall'influenza delle teorie della cospirazione. Loghi, simboli e slogan spesso attingono a temi esoterici o cospiratori per creare un'aura di mistero o per attirare un pubblico specifico.

Arte e Installazioni: L'arte contemporanea, spesso, riflette le preoccupazioni e le ossessioni della società. Installazioni, performance e opere d'arte visiva hanno incorporato temi cospiratori, stimolando il dialogo e ponendo domande sul potere, la verità e la realtà.

Memes e Cultura Internet: In un'epoca dominata dai social media, i memes sono diventati una potente forma di comunicazione. Memes che riguardano teorie della cospirazione possono diventare virali in pochissimo tempo, diffondendo idee a una velocità senza precedenti. Tuttavia, questo può anche portare a una rapida distorsione delle informazioni, rendendo difficile distinguere la realtà dalla finzione.

La pervasività delle teorie della cospirazione nella cultura popolare testimonia la loro risonanza nell'immaginario collettivo. Che si tratti di una semplice curiosità umana, di una profonda sfiducia nelle istituzioni o di una combinazione di entrambe, è chiaro che le cospirazioni continueranno a trovare terreno fertile nella mente del pubblico e, di conseguenza, nel panorama culturale.

La cultura popolare, in tutte le sue sfaccettature, ha dimostrato di essere non solo un riflesso delle convinzioni e delle preoccupazioni della società, ma anche una potente lente attraverso la quale queste idee possono essere amplificate, distorte o rielaborate. Quando si parla di teorie della cospirazione e della loro interazione con la cultura popolare, si evidenzia una relazione profondamente intrecciata che va al di là della semplice rappresentazione.

In primo luogo, è fondamentale riconoscere che il modo in cui le teorie della cospirazione vengono presentate nei media ha un impatto diretto sulla loro percezione. Una rappresentazione positiva o intrigante di una teoria può legittimarla agli occhi del pubblico, anche se manca di basi concrete. Al contrario, una rappresentazione schernente o critica può sminuire o ridicolizzare la teoria, rendendo meno probabile che il pubblico la prenda sul serio.

Inoltre, con la nascita e l'espansione dei social media, le barriere tra produttori e consumatori di contenuti si sono abbattute. Questo ha permesso a chiunque di contribuire al discorso culturale, dando voce a opinioni e teorie che una volta potevano essere confinate ai margini. Mentre questo ha avuto come risultato un'esplosione di creatività e diversità nel discorso, ha anche aperto la porta a disinformazione e manipolazione.

Un altro aspetto critico è il modo in cui la cultura popolare può essere utilizzata come veicolo per normalizzare o mainstreaming certe teorie. Ad esempio, quando concetti cospiratori sono intrecciati in trame di film popolari o serie TV, possono diventare parte della coscienza collettiva, rendendo più difficile per le persone distinguere tra fatti e finzione.

Tuttavia, non tutto è negativo. Mentre la cultura popolare può indubbiamente amplificare o distorcere le teorie della cospirazione, può anche servire come strumento educativo. La rappresentazione di tali teorie in un contesto critico può stimolare la discussione, spingendo le persone a informarsi e a cercare la verità. Può anche fungere da monito sul pericolo della disinformazione e sull'importanza della verifica dei fatti.

In conclusione, mentre le teorie della cospirazione hanno esistito per secoli, la loro interazione con la cultura popolare moderna le ha rese più pervasive e potenti che mai. In questo contesto in continua evoluzione, diventa essenziale per il pubblico essere informato, critico e attento nel consumare contenuti, riconoscendo la differenza tra intrattenimento e realtà e comprendendo l'importanza di cercare fonti affidabili e verificate. La cultura popolare, nel suo ruolo di specchio della società, ci ricorda che, mentre può essere tentatore cedere al fascino del mistero e del segreto, è nostro dovere come cittadini informati cercare la verità al di là delle apparenze.

Tecniche di Debunking

Il debunking, o smontaggio di affermazioni false o ingannevoli, è una componente essenziale nell'ambito del contrasto alle teorie della cospirazione. Le teorie della cospirazione, per loro natura, si basano su convinzioni profonde e spesso emozionali, rendendo la loro sfida un compito arduo ma essenziale. Di seguito sono presentate alcune tecniche per affrontare in modo efficace tali teorie.

1. Ascolta Attentamente: Prima di sfidare una teoria della cospirazione, è cruciale ascoltare e cercare di comprendere il punto di vista di chi ci crede. Solo capendo le loro preoccupazioni e paure potrai affrontare efficacemente le loro convinzioni.

2. Usa Fonti Credibili: Le teorie della cospirazione prosperano in assenza di informazioni affidabili. Quando si presenta una contromisura, è essenziale utilizzare fonti credibili e rispettabili. Ciò include organizzazioni accademiche, agenzie di notizie riconosciute e esperti nel campo in questione.

3. Riconosci il Bias di Conferma: Il bias di conferma si verifica quando le persone cercano o interpretano le informazioni in modo che confermino le proprie credenze preesistenti. È importante far notare questo bias quando si discute di teorie della cospirazione, poiché può aiutare le persone a riflettere su come e perché sono giunte alle loro conclusioni.

4. Usa la Logica e il Raziocinio: Molti argomenti a sostegno delle teorie della cospirazione si basano su fallacie logiche. Identifica queste fallacie e illustra alternative logiche e razionali.

5. Fornisci Prove Contrarie: Presentare prove dirette che contraddicono una teoria della cospirazione può essere un modo efficace per sfidare le false convinzioni. Tuttavia, è essenziale che queste prove siano concrete e facilmente verificabili.

6. Poni Domande Critiche: Invece di presentare direttamente una contromisura, a volte può essere efficace porre domande che guidino la persona a riflettere criticamente sulla sua credenza. Ad esempio, "Come faresti a sapere se questa teoria fosse falsa?" o "Chi trarrebbe beneficio da questa cospirazione e perché?"

7. Fai Appello all'Euristica della Semplicità: L'euristica della semplicità suggerisce che, quando ci sono molteplici spiegazioni possibili, quella più semplice (che richiede le minori supposizioni) tende ad essere la corretta. Spiega che, molto spesso, le soluzioni più semplici e dirette sono più probabili rispetto alle complesse trame cospirative.

8. Sii Paziente e Compassionevole: La sfida alle teorie della cospirazione può essere un processo lungo e faticoso. Molte persone sono profondamente legate alle loro convinzioni e possono reagire con ostilità o difesa. È importante avvicinarsi a queste discussioni con pazienza e comprensione, riconoscendo che cambiare una convinzione profonda richiede tempo e impegno.

Approcci Educative e Pubbliche Relazioni

Nell'era della post-verità, l'istruzione gioca un ruolo cruciale nel fornire agli individui gli strumenti necessari per navigare in un mare di informazioni spesso contraddittorie. L'alfabetizzazione mediatica e la formazione critica diventano essenziali per discernere la verità dalle menzogne.

Educare alla Differenza tra Fatto e Opinione: Le persone devono essere formate a riconoscere la differenza tra un fatto, che è qualcosa di verificabile, e un'opinione, che è un credo personale o una valutazione. Questa distinzione, sebbene sembri semplice, è spesso sfumata nelle presentazioni persuasiva.

Promuovere la Pensiero Scientifico: La scienza, nella sua essenza, è un processo di indagine. Essa richiede prove, ripetibilità e verifica. Incoraggiare una mentalità scientifica aiuta le persone a richiedere prove concrete prima di accettare una affermazione come vera.

Utilizzo di Specialisti per Conferenze e Seminari: L'invito di specialisti in diversi campi a tenere conferenze e seminari su come affrontare e debunkare teorie della cospirazione può essere efficace. Questi esperti possono condividere le loro esperienze, fornire esempi concreti e offrire consigli pratici.

Il Ruolo delle Piattaforme Online: Le piattaforme come YouTube, Facebook e Twitter sono diventate luoghi chiave per la diffusione di teorie della cospirazione. Tuttavia, queste stesse piattaforme possono essere utilizzate per educare il pubblico. Ad esempio, video educativi che sfidano le teorie della cospirazione o spiegano la logica e la scienza dietro determinati fenomeni possono raggiungere un vasto pubblico.

Creare Gruppi di Discussione: Creare gruppi o forum dove le persone possono discutere apertamente delle loro paure o preoccupazioni riguardo a specifiche teorie della cospirazione può essere terapeutico. Questi spazi permettono alle persone di confrontarsi con altri punti di vista e di esporre le proprie convinzioni a un esame critico in un ambiente sicuro e sostenibile.

Esempi Pratici e Case Studies: Spesso, esaminare una teoria della cospirazione specifica può fornire intuizioni su come questi miti si formano e si diffondono. Analizzare e debunkare specifiche teorie della cospirazione in dettaglio può aiutare le persone a comprendere le tecniche generali utilizzate dai teorici della cospirazione.

Coinvolgimento delle Scuole: Integrare l'alfabetizzazione mediatica e la formazione critica nei programmi scolastici può fornire alle nuove generazioni gli strumenti per affrontare le teorie della cospirazione prima che si radichino. Questa formazione può includere esercizi pratici, discussioni guidate e progetti di ricerca.

Nell'affrontare le teorie della cospirazione, è essenziale comprendere che questi miti sono spesso radicati in paure e preoccupazioni profonde. Sfida questi miti richiede sensibilità, comprensione e un approccio olistico che consideri sia la psicologia individuale sia le dinamiche sociali più ampie.

La Logica e le Falacie

Per comprendere e svelare le teorie della cospirazione, è fondamentale avere una comprensione solida della logica e delle falacie. Molte teorie della cospirazione sono costruite su premesse deboli o su legami causali non dimostrati. Ecco alcuni concetti chiave:

Falacia Post Hoc: Questa falacia suggerisce che se un evento (B) segue un altro evento (A), allora A deve aver causato B. È una trappola comune nelle teorie della cospirazione, dove coincidenze temporali sono viste come prove di causalità.

Fallacia della Pendenza Scivolosa: L'idea qui è che un evento porterà inevitabilmente a un altro, spesso con esiti negativi. Ad esempio, la nozione che una piccola limitazione alla libertà di parola porterà alla totale oppressione della libertà.

Errore del Cercatore di Conferma: Questo si verifica quando le persone cercano e interpretano le informazioni in modo tale da confermare le proprie credenze preesistenti, ignorando le informazioni che le contraddicono.

Soffisticato Falso Equivalente: Questo si verifica quando si fa un confronto tra due cose che potrebbero sembrare simili in superficie, ma che sono in realtà molto diverse in sostanza o in contesto.

Riconoscere Argomenti Aneddotici: Mentre le storie personali possono essere potenti e coinvolgenti, non sono sempre indicative di una tendenza o di una verità più ampia. Le teorie della cospirazione spesso si basano su tali aneddoti piuttosto che su prove concrete.

Il Ruolo dei Bias Cognitivi: Ogni individuo è soggetto a bias cognitivi, distorsioni sistematiche nel modo in cui percepiamo e interpretiamo il mondo. Ad esempio, il bias di conferma, dove tendiamo a dare maggior peso alle informazioni che confermano le nostre credenze preesistenti, o il bias di disponibilità, dove tendiamo a basare le nostre valutazioni su informazioni recentemente disponibili.

Utilizzo di Metodologie di Ricerca Efficaci: Per valutare correttamente una teoria della cospirazione, è essenziale utilizzare metodologie di ricerca solide. Ciò include il ricorso a fonti attendibili, l'analisi critica delle informazioni e la capacità di distinguere tra correlazione e causalità.

Questionare la Plausibilità: Alcune teorie della cospirazione richiederebbero un numero incredibilmente grande di persone per mantenere il "segreto". Chiedersi se è pratico o plausibile che tante persone possano mantenere un segreto su larga scala per un lungo periodo di tempo può essere un modo efficace per valutare la veridicità di una teoria.

Competenza ed Expertise: È essenziale riconoscere e fare affidamento su esperti nei rispettivi campi. Mentre ogni esperto può sbagliarsi, un consenso tra esperti in un determinato campo è un indicatore forte della veridicità di una particolare affermazione o teoria.

L'importanza dell'Autocritica: Anche mentre si debunkano teorie della cospirazione, è vitale essere auto-critici e aperti alla possibilità che le proprie interpretazioni o comprensioni potrebbero essere errate. Questa apertura mentale non solo rafforza la propria posizione, ma anche promuove un dialogo costruttivo con coloro che potrebbero credere alle teorie della cospirazione.

Principio di Ockham

Una delle guide più utili nel valutare le affermazioni, specialmente quelle che sembrano complesse o avvolte in intricati intrecci, è il principio del rasoio di Ockham. Afferma che, quando presentate con molteplici spiegazioni possibili per un fenomeno, la spiegazione più semplice (quella che fa meno ipotesi) è solitamente la corretta. Molte teorie della cospirazione sono intricate e richiedono la complicità di un numero incredibilmente elevato di persone, rendendo la loro logica problematica e poco probabile.

Critica Costruttiva vs. Ridicolo

Una trappola comune nella quale molte persone cadono quando confrontate con teorie della cospirazione è il ridicolizzarle. Sebbene possa essere tentatore, questo approccio raramente è produttivo. La critica costruttiva, basata su fatti e logicamente argomentata, è più efficace. Approcciare la discussione con un atteggiamento di rispetto e comprensione può anche aiutare a creare un terreno comune e ad avviare una discussione costruttiva.

L'importanza della Trasparenza e Accessibilità delle Informazioni

Nell'era digitale, c'è una sovrabbondanza di informazioni. Tuttavia, la qualità di queste informazioni varia notevolmente. Promuovere la trasparenza e l'accessibilità alle fonti di informazione affidabili è cruciale. Le biblioteche, le università e le istituzioni di ricerca possono svolgere un ruolo cruciale nell'offrire al pubblico strumenti e risorse per discernere le informazioni accurate dalle false notizie o dalle teorie senza fondamento.

Teoria Vs. Ipotesi

È essenziale comprendere la differenza tra una teoria e un'ipotesi nel contesto scientifico. Una teoria, in scienza, è un'idea che è stata testata e confermata ripetutamente attraverso l'osservazione e la sperimentazione. Un'ipotesi, d'altra parte, è un'idea non ancora testata o verificata. Molti complotti vengono presentati come "teorie", ma in realtà non hanno superato il rigoroso esame e i test per essere classificati come tali nel contesto scientifico.

L'importanza della Letteratura Peer-reviewed

Un altro strumento essenziale nel debunking delle teorie della cospirazione è la letteratura peer-reviewed. Questi sono studi e ricerche che sono stati esaminati e critici da esperti nel campo pertinente prima della pubblicazione. Se una teoria della cospirazione non è supportata da evidenza peer-reviewed, è probabile che manchi di fondamento scientifico.

La Mente Umana e la Ricerca di Modelli

La nostra capacità di riconoscere modelli è una delle ragioni per cui l'Homo sapiens ha avuto tanto successo come specie. Tuttavia, questa stessa capacità può talvolta portarci a vedere collegamenti e modelli dove non esistono, fenomeno noto come pareidolia. Questa predisposizione può spiegare perché alcune persone sono inclini a vedere intrecci e collegamenti nascosti, alimentando così la loro credenza nelle teorie della cospirazione.

Conclusione sulle Tecniche di Debunking

Le teorie della cospirazione, con le loro affascinanti narrazioni e intrecci apparentemente inestricabili, hanno un indubbio fascino e sono in grado di influenzare notevolmente l'opinione pubblica. Ecco perché è di fondamentale importanza possedere gli strumenti adeguati per valutare queste affermazioni e distinguerle da realtà solide e ben fondate.

1. **L'approccio razionale:** Al centro di ogni sforzo di debunking c'è la razionalità. Il principio del rasoio di Ockham, che suggerisce di adottare la spiegazione più semplice, è una guida fondamentale. Nella pratica, molte teorie della cospirazione richiederebbero una vasta rete di persone che mantengono un segreto perfetto, il che è altamente improbabile.
2. **Comunicazione rispettosa:** Un approccio rispettoso e empatico aiuta a stabilire un dialogo aperto. Ridicolizzare o sminuire le credenze degli altri tende a rinforzare quelle credenze, mentre un approccio costruttivo può portare alla riflessione e alla reconsiderazione.
3. **Trasparenza delle informazioni:** Assicurarsi che fonti accurate e trasparenti siano disponibili e facilmente accessibili può fare una grande differenza. La disinformazione prospera quando le persone non sanno dove trovare risposte affidabili.
4. **Comprensione del linguaggio scientifico:** Capire la differenza tra termini come "teoria" e "ipotesi" può aiutare a prevenire malintesi.

Molti usano il termine "teoria" in modo errato, attribuendogli un peso che non merita.

5. **Importanza della ricerca peer-reviewed:** La ricerca che è stata esaminata e accettata da esperti nel campo ha una credibilità che supera di gran lunga quella dei post sui blog o dei video virali. Assicurarsi che le affermazioni siano supportate da evidenza peer-reviewed è essenziale per valutarne la validità.

6. **Riconoscimento della predisposizione umana:** La nostra evoluzione ci ha dotati di un cervello che cerca modelli e collegamenti. Questo può essere vantaggioso in molte situazioni, ma può anche portarci fuori strada. Riconoscere questa predisposizione può aiutare a mettere in discussione le conclusioni immediate e a cercare ulteriori prove.

In sintesi, mentre le teorie della cospirazione possono sembrare avvincenti e talvolta anche spaventose, possedere gli strumenti e le conoscenze per valutarle criticamente è essenziale. La comprensione, la razionalità e un approccio basato sull'evidenza sono le nostre migliori difese contro la disinformazione. In un mondo in cui le notizie false possono diffondersi rapidamente, ciascuno di noi ha la responsabilità di cercare la verità, di mettere in discussione le narrazioni e di promuovere la comprensione basata su fatti solidi.

14. Cospirazioni e politica • Teorie legate a elezioni e potere. • Manipolazione dell'opinione pubblica.

Cospirazioni e politica

La politica, con la sua natura spesso nebulosa e i suoi innumerevoli attori, è un fertile terreno di coltura per le teorie della cospirazione. Queste narrazioni cospiratorie possono variare da speculazioni innocue a gravi distorsioni che influenzano l'opinione pubblica e persino le decisioni politiche.

Teorie legate a elezioni e potere
Le elezioni, in particolare, sono eventi che suscitano grande interesse pubblico e possono avere ripercussioni profonde sulla direzione di

una nazione. Ecco alcune delle teorie cospiratorie più comuni legate alle elezioni:

1. **Brogli elettorali:** Questa è forse la teoria della cospirazione più comune quando si parla di elezioni. L'idea è che ci siano stati tentativi organizzati per alterare il conteggio dei voti, manipolare le macchine elettorali, o intimidire determinati segmenti dell'elettorato.
2. **Finanziamenti occulti:** L'idea che i politici ricevano finanziamenti segreti da entità potenti (corporazioni, governi stranieri, oligarchi) per influenzare le loro politiche e decisioni è un tema ricorrente.
3. **"Candidati marionetta":** Alcune teorie sostengono che certi candidati politici siano semplicemente "marionette" controllate da potenze nascoste, con l'obiettivo di realizzare un'agenda cospiratoria.

Manipolazione dell'opinione pubblica
La capacità di influenzare l'opinione pubblica è potente e ha enormi implicazioni politiche. Alcune teorie cospiratorie riguardanti la manipolazione includono:

1. **Controllo dei media:** L'idea che i principali media siano controllati da un piccolo gruppo di

potenti, che li usa per plasmare l'opinione pubblica secondo i loro desideri.

2. **Disinformazione e "fake news":** Con l'avvento dei social media, la diffusione di notizie false o fuorvianti è diventata sempre più comune. Molti credono che ci siano sforzi organizzati per diffondere disinformazione al fine di influenzare le elezioni o altre decisioni politiche.

3. **Agenti stranieri:** L'idea che potenze straniere (come altri governi o entità internazionali) interferiscano nelle politiche interne, soprattutto attraverso la propaganda o la cyber-guerra, è una preoccupazione crescente.

L'intersezione tra cospirazioni e politica è una fusione tanto intricata quanto storica. La politica, spesso dominata da dinamiche di potere e interessi nascosti, ha sempre fornito una base fertile per sospetti e teorie alternative. Mentre alcune cospirazioni hanno una radice storica, altre sono prodotti dell'era moderna, alimentate dalla velocità e dalla portata della comunicazione digitale.

Strumentalizzazione delle cospirazioni in politica

Negli anni, molti leader e fazioni politiche hanno utilizzato teorie della cospirazione come strumenti per avanzare la propria agenda o per diffamare avversari. Accusare avversari di cospirazioni o di essere parte di agende nascoste può essere un modo efficace per seminare dubbi tra gli elettori e indebolire la fiducia nell'opposizione. Questa tattica può anche essere usata per deviare l'attenzione da problemi reali o da scandali.

Cospirazioni come cortina fumogena

La natura stessa della politica — dove le decisioni possono avere ripercussioni che influenzano intere nazioni o regioni — significa che c'è molto in gioco. A volte, le teorie della cospirazione possono essere deliberate distrazioni, cortine fumogene create per deviare l'attenzione da questioni più gravi o da azioni governative controverse. Allo stesso modo, le cospirazioni possono essere usate per seminare confusione o per sopprimere informazioni veritiere.

Cospirazioni globali e geopolitica

Oltre alle teorie interne, molte cospirazioni si concentrano su eventi geopolitici. Accuse di interferenze nelle elezioni, spionaggio industriale, o piani segreti tra nazioni sono temi comuni. La percezione di potenti élite globali che lavorano dietro le quinte per controllare eventi mondiali è una costante nelle narrazioni cospirazioniste.

Il rischio delle eco-chamber

L'era digitale ha amplificato la portata e la velocità con cui si diffondono le teorie della cospirazione. Piattaforme come Facebook, Twitter e YouTube hanno creato ciò che è spesso chiamato "eco-chamber", dove gli individui sono esposti principalmente a informazioni che rafforzano le loro credenze preesistenti, riducendo l'esposizione a punti di vista contrastanti. Questo fenomeno ha contribuito a polarizzare ulteriormente le opinioni politiche e a rafforzare le convinzioni cospiratorie.

Il dilemma della trasparenza

Mentre la trasparenza è considerata una delle colonne portanti di un governo democratico, ci sono momenti in cui la confidenzialità è necessaria per la sicurezza nazionale o per la diplomazia. Questo equilibrio tra trasparenza e segretezza può alimentare teorie cospiratorie, con le persone che sospettano che ci sia di più dietro ciò che viene mostrato al pubblico.

Infine, è fondamentale riconoscere che mentre molte teorie della cospirazione sono infondate, ci sono momenti in cui ci sono effettivamente complotti e inganni in gioco. Questa realtà complica ulteriormente la capacità di discernere la verità dalla finzione nel contesto politico.

L'ambito delle cospirazioni politiche non si ferma alle eco-chamber o alle manipolazioni evidenti; si ramifica in una miriade di sottoargomenti e sfaccettature. Prendiamo, ad esempio, la storia.

Era pre-digital: Cospirazioni nel secolo scorso

Prima dell'avvento di Internet, le cospirazioni si diffondevano principalmente attraverso pamphlet, radio, libri e passaparola. Questo ha dato origine a leggende come quella del "Nuovo Ordine Mondiale" o le teorie su gruppi segreti come i "Bilderberg". Alcune teorie della cospirazione, come quella relativa all'assassinio di JFK, hanno guadagnato enorme popolarità e sono diventate argomenti di dibattito pubblico.

Dinamiche transnazionali

Alcune teorie cospiratorie superano le frontiere nazionali e acquisiscono una dimensione internazionale. Per esempio, la percezione che ci siano "filo d'arianna" che collegano potenti élite in diversi paesi, orchestrando eventi globali come guerre, crisi economiche o addirittura pandemie.

Sistema elettorale e cospirazioni

In molti paesi, le elezioni sono spesso al centro di numerose teorie cospiratorie. Accuse di brogli elettorali, interferenze esterne e manipolazione dei risultati sono temi comuni in ogni ciclo elettorale. Queste percezioni possono avere profonde ripercussioni sulla legittimità dei governi e sulla fiducia delle persone nel processo democratico.

Cospirazioni come strumento di controllo

Non dobbiamo dimenticare come alcune teorie cospiratorie siano state e vengano utilizzate da regimi autoritari come strumenti di controllo. Creando un nemico immaginario o sovradimensionando una minaccia esterna, questi regimi possono giustificare azioni repressive, limitazioni delle libertà civili e la persecuzione di gruppi minoritari.

La questione dei media

Sebbene i social media siano spesso accusati di amplificare le teorie della cospirazione, non dobbiamo dimenticare il ruolo dei media tradizionali. Ci sono stati casi in cui emittenti televisive, giornali o radio hanno promosso o dato spazio a teorie cospiratorie, contribuendo alla loro legittimazione e diffusione.

L'aspetto psicologico e sociale

Dal punto di vista psicologico, le teorie della cospirazione offrono spesso una semplice spiegazione a eventi complessi o traumatici. Inoltre, credere in una cospirazione può far sentire le persone parte di un gruppo esclusivo che possiede una "verità nascosta". Questa dinamica può rafforzare legami comunitari, ma può anche alimentare divisioni e ostilità verso chi è "fuori" da quel cerchio.

Economia e potere

Oltre alle dimensioni politiche e sociali, l'economia gioca un ruolo cruciale nelle cospirazioni. La percezione che ci siano potenti élite economiche che controllano le sorti dei paesi o dell'intera economia mondiale è un tema ricorrente. Questo si collega a cospirazioni legate a banche centrali, conglomerati multinazionali e figure finanziarie di spicco.

In definitiva, l'intersezione tra cospirazioni e politica è un argomento vasto e complesso, che riflette le ansie, le paure e le tensioni della società in ogni periodo storico.

Le cospirazioni e la politica sono due ambiti intrinsecamente intrecciati nella storia umana. La natura stessa della politica, fatta di potere, ambizioni e conflitti di interessi, fornisce un terreno fertile per la generazione e la diffusione di teorie cospiratorie. Quando analizziamo questo rapporto, è fondamentale considerare alcune dinamiche chiave:

La Natura della Politica: La politica, per sua natura, è una lotta per il potere. Durante questa lotta, le informazioni vengono spesso nascoste, manipolate o distorte per servire un'agenda specifica. Questo ambiente di segretezza e manipolazione rende facile per molti credere che ci siano forze oscure al lavoro dietro le quinte.

La Funzione delle Teorie della Cospirazione: Le cospirazioni servono spesso come meccanismi di difesa psicologica. Quando le persone si sentono impotenti di fronte ai grandi cambiamenti sociali o politici, attribuire questi cambiamenti a potenti entità nascoste può fornire una sorta di spiegazione rassicurante. Anche se errata, la teoria cospiratoria può dare un senso di comprensione e controllo.

Media e Manipolazione: Con l'avvento dei social media e l'esplosione dell'informazione digitale, è diventato più facile che mai diffondere teorie cospiratorie. Tuttavia, anche i media tradizionali hanno avuto un ruolo nella loro promulgazione, soprattutto quando queste teorie servivano un'agenda politica o economica.

Implicazioni a Lungo Termine: La crescente sfiducia nelle istituzioni, alimentata in parte dalle teorie cospiratorie, ha profonde ripercussioni politiche. Può erodere la fiducia nella democrazia, ostacolare la cooperazione tra paesi e indebolire la coesione sociale. Le teorie cospiratorie possono influenzare le decisioni politiche, le campagne elettorali e persino le politiche pubbliche.

In sintesi, mentre le teorie della cospirazione possono sembrare marginali o addirittura ridicole a prima vista, hanno un impatto tangibile e profondo sulla politica e sulla società nel suo insieme. La sfida, per giornalisti, educatori e leader politici, è quella di affrontare queste teorie in modo critico, educando il pubblico sulle complessità del mondo in cui viviamo e promuovendo un pensiero critico e razionale. Solo attraverso l'istruzione e l'engagement è possibile contrastare la marea di disinformazione e ristabilire la fiducia nelle nostre istituzioni democratiche.

15. Il pericolo delle false informazioni • L'impatto delle fake news. • Conseguenze reali di teorie infondate.

Il Pericolo delle False Informazioni

In un'era digitale, le informazioni viaggiano alla velocità della luce. Social media, piattaforme di streaming, blog e altri mezzi di comunicazione hanno reso accessibile la conoscenza come mai prima d'ora. Tuttavia, insieme all'espansione di questi mezzi, c'è stata anche un'impennata delle false informazioni o "fake news". La loro presenza nella nostra società moderna rappresenta un serio pericolo, non solo per la corretta informazione, ma anche per la stabilità e la coesione di comunità e nazioni.

L'impatto delle Fake News

1. **Erosione della Fiducia:** Le notizie false possono erodere rapidamente la fiducia nelle istituzioni, nei media, nella scienza e nei leader. Quando le persone non sanno in cosa o in chi credere, possono diventare ciniche, apatiche o, peggio, vulnerabili a ulteriori disinformazioni.
2. **Manipolazione dell'Opinione Pubblica:** Gruppi con specifiche agende possono usare le fake news per manipolare l'opinione pubblica, influenzando così le elezioni, i riferendums e altre decisioni politiche.

3. **Polarizzazione Sociale:** Le false informazioni tendono a creare o rinforzare bolle informative, dove gli individui vengono esposti solo a informazioni che rafforzano le loro convinzioni preesistenti, creando divisione e ostilità tra diversi gruppi.
4. **Rischi per la Salute Pubblica:** Nel contesto di una crisi sanitaria, come la pandemia COVID-19, le fake news relative a trattamenti, vaccini o misure di sicurezza possono avere conseguenze fatali.

Conseguenze Reali di Teorie Infondate

1. **Azioni Violente:** C'è stata una serie di incidenti violenti innescati da teorie della cospirazione infondate. Ad esempio, il teorico della cospirazione Pizzagate che ha portato un uomo armato in una pizzeria a Washington, D.C., credendo in una teoria senza fondamento riguardo a una presunta rete di pedofilia.
2. **Decisioni Politiche Errate:** Le teorie infondate possono influenzare le decisioni politiche, portando a politiche pubbliche inefficaci o dannose.
3. **Boicottaggi e Danni Economici:** Aziende e individui possono subire danni economici a

causa di false informazioni o teorie cospiratorie. Ad esempio, aziende innocenti possono essere boicottate a causa di false accuse.

4. **Deterioramento delle Relazioni Internazionali:** Le fake news possono anche influenzare la diplomazia e le relazioni tra nazioni. False accuse o teorie possono creare tensioni o conflitti tra paesi.

Le false informazioni, sebbene non siano un fenomeno nuovo, hanno guadagnato una nuova risonanza nell'era digitale. La facilità con cui le notizie possono essere create, modificate e condivise ha cambiato il modo in cui le informazioni si diffondono. E, mentre ci sono molte ragioni per cui le persone possono condividere intenzionalmente informazioni fuorvianti, le conseguenze sono quasi sempre dannose.

Uno degli aspetti cruciali delle false informazioni è la velocità con cui possono diventare virali. Algoritmi, designati per aumentare l'engagement degli utenti, possono spesso amplificare contenuti sensazionali, indipendentemente dalla loro veridicità. Questo fa sì che una singola notizia falsa possa raggiungere milioni di persone in poche ore.

Le ragioni per cui le persone si affidano e condividono false informazioni variano. Alcune persone sono semplicemente ingannate da una storia ben congegnata. Altri potrebbero trovare che una particolare notizia falsa conferma le loro preesistenti convinzioni o pregiudizi, rendendoli meno propensi a metterla in discussione. Inoltre, vi è una tendenza psicologica a credere in informazioni che evocano forti emozioni, come paura, rabbia o sorpresa.

Molte organizzazioni e individui sfruttano queste dinamiche psicologiche per diffondere disinformazione a proprio vantaggio. Può trattarsi di attori statali che cercano di destabilizzare un paese rivale, di gruppi che vogliono promuovere una particolare agenda politica, o anche di individui che cercano semplicemente di trarre profitto dalla viralità di una notizia sensazionale.

Inoltre, le false informazioni non sono limitate solo ai testi. Deepfakes, che sono immagini o video manipolati digitalmente, stanno diventando sempre più sofisticati. Questi possono essere utilizzati per creare clip che mostrano persone che dicono o fanno cose che non sono mai accadute, rendendo ancora più difficile per l'osservatore medio distinguere tra realtà e finzione.

Ma le false informazioni non riguardano solo la diffusione di notizie false. Ci sono anche omissioni intenzionali, distorsioni e fuorvianti contestualizzazioni. Ad esempio, una statistica vera può essere presentata in un modo che la rende ingannevole, oppure un evento reale può essere ritratto in un contesto completamente fuorviante.

Un altro aspetto preoccupante è l'effetto eco-camera (o "echo chamber") dei social media. Le persone tendono a interagire e a seguire persone e fonti di informazione che condividono le loro stesse opinioni e credenze. Questo può creare camere di risonanza dove le false informazioni vengono ripetute e amplificate, rinforzando ulteriormente le convinzioni errate.

Questo ambiente fertile per la disinformazione ha portato all'emergere di nuove sfide per giornalisti, fact-checker e altre organizzazioni che cercano di mantenere l'integrità dell'informazione. I tentativi di correggere le false informazioni possono spesso sembrare una battaglia in salita, specialmente quando le rettifiche non ottengono la stessa visibilità o lo stesso livello di engagement della notizia falsa originale.

La proliferazione delle false informazioni ha anche un profondo impatto sul tessuto sociale. L'erosione della fiducia nelle istituzioni tradizionali, come i media, le organizzazioni scientifiche e le autorità governative, è stata in parte alimentata da campagne di disinformazione mirate. Quando le persone iniziano a dubitare delle fonti tradizionalmente affidabili, diventano più vulnerabili alle narrative alternative, anche se infondate.

Uno degli esempi più tangibili di questo fenomeno è la diffusione di teorie della cospirazione legate alla salute. Informazioni errate sulle cause delle malattie, sui trattamenti e, più recentemente, sui vaccini, hanno avuto conseguenze dirette sulla salute pubblica. Gli episodi di morbillo, ad esempio, hanno visto un'impennata in diverse parti del mondo a causa delle paure infondate sui vaccini, che sono state alimentate da false informazioni amplificate attraverso i social media.

Ma non è solo la salute fisica che è in gioco. L'ambiente politico è stato anch'esso profondamente influenzato dalla disinformazione. False narrazioni riguardanti processi elettorali, candidati e questioni politiche hanno distorto il dibattito pubblico, polarizzando ulteriormente le società e minando la fiducia nel processo democratico.

Sull'arena globale, la disinformazione è diventata uno strumento di soft power. Alcuni governi e organizzazioni hanno creato interi reparti dedicati alla guerra dell'informazione, cercando di influenzare l'opinione pubblica sia a livello nazionale che internazionale. Questa forma di conflitto non armato può avere un impatto duraturo sulle relazioni internazionali e sulla percezione globale di una nazione o di un evento.

L'industria della tecnologia, per la sua parte, si trova in una posizione unica e complicata. Da un lato, le piattaforme di social media sono spesso criticate per non fare abbastanza per combattere la diffusione di false informazioni. D'altro canto, quando intraprendono azioni per limitare o eliminare contenuti fuorvianti, sono spesso accusate di censura o di parzialità politica.

Inoltre, la linea tra ciò che è considerato una falsa informazione e ciò che è semplicemente un'opinione o una visione alternativa della realtà può essere sottile e soggettiva. Questo rende ancora più difficile per le piattaforme tecnologiche stabilire politiche chiare e coerenti sulla moderazione dei contenuti.

Un ulteriore complicazione è la natura sempre in evoluzione delle tattiche di disinformazione. Man mano che vengono sviluppati nuovi strumenti per identificare e combattere la disinformazione, coloro che diffondono false informazioni sviluppano nuovi metodi per eludere queste misure. Questa corsa agli armamenti informatici rappresenta una sfida continua per chi cerca di proteggere l'integrità dell'informazione.

Alla base di tutto questo vi è una profonda crisi di fiducia. In un mondo in cui la verità sembra sempre più fluida e soggettiva, molte persone si sentono perse e disorientate. Questo può portare a un senso di alienazione e cinismo, dove ogni informazione viene vista con sospetto e dove le narrative semplici e rassicuranti, anche se manifestamente false, possono trovare terreno fertile.

Il fenomeno delle false informazioni e delle fake news non è solo una sfida tecnica o mediatica; rappresenta una minaccia fondamentale alla struttura stessa delle nostre società democratiche. La natura ubiqua delle false informazioni, potenziata e amplificata dall'era digitale, ha generato una serie di implicazioni e conseguenze di vasta portata.

Prima di tutto, la fiducia è una pietra angolare di qualsiasi società funzionante, ed è essenziale per il buon funzionamento delle istituzioni democratiche. Quando le persone non possono più fidarsi delle fonti di informazione o delle istituzioni che hanno tradizionalmente fornito orientamento e verità, emerge una fragilità sistemica. Senza una fiducia di base, la coesione sociale può iniziare a disgregarsi, dando origine a divisioni, polarizzazione e, in ultima analisi, a instabilità.

Inoltre, le false informazioni alimentano e amplificano la polarizzazione politica. Quando gruppi differenti sono esposti solo a informazioni che rafforzano le loro preesistenti convinzioni e vedono le opinioni contrarie come non solo sbagliate, ma anche come minacce o addirittura come menzogne dannose, diventa quasi impossibile trovare un terreno comune o promuovere un dialogo costruttivo.

Questo clima di disinformazione e sfiducia ha anche delle ripercussioni tangibili. Ad esempio, le decisioni legate alla salute pubblica, come la recente resistenza ai vaccini, sono direttamente influenzate dalla diffusione di informazioni errate. Queste decisioni possono avere conseguenze mortali, non solo per coloro che scelgono di non vaccinarsi, ma anche per le comunità circostanti.

A livello geopolitico, la disinformazione è diventata un'arma. Gli stati e gli attori non statali utilizzano la disinformazione come strumento per destabilizzare i nemici, influenzare le elezioni, minare la fiducia nelle istituzioni e promuovere le proprie agende.

Di fronte a queste sfide, è essenziale riconoscere l'importanza di un'educazione mediale e critica. La popolazione deve essere equipaggiata con le competenze necessarie per distinguere le informazioni affidabili da quelle fuorvianti. Le piattaforme di social media e i motori di ricerca hanno la responsabilità di sviluppare meccanismi più efficaci per identificare e contrastare la disinformazione. Ma oltre a questi sforzi tecnologici, c'è un bisogno fondamentale di ricostruire la fiducia nelle istituzioni e promuovere un dialogo aperto e onesto nella sfera pubblica.

In conclusione, mentre le false informazioni non sono un fenomeno nuovo, l'attuale ondata di disinformazione potenziata dal digitale rappresenta una sfida senza precedenti per le società moderne. La sua pervasività e le sue profonde ramificazioni richiedono un approccio multifacettato e sostenuto da parte di individui, istituzioni, governi e piattaforme tecnologiche per garantire la veridicità, la trasparenza e, soprattutto, la fiducia nel nostro ecosistema informativo.

Caso studio: Pandemia e cospirazioni

Quando la pandemia di COVID-19 ha colpito il mondo nel 2019 e nel 2020, ha creato un terreno fertile per una miriade di teorie della cospirazione. Questo ambiente incerto, unito alla paura e alla mancanza di comprensione iniziale del virus, ha reso le persone particolarmente vulnerabili alle false informazioni.

Teorie sul COVID-19:

1. **Origine del Virus**: Una delle teorie della cospirazione più persistenti era che il virus fosse stato deliberatamente creato o rilasciato da un laboratorio. Anche se studi approfonditi hanno indicato che l'origine del virus è molto probabilmente naturale e legata ai pipistrelli, il dibattito sull'origine esatta continua.

2. **5G e COVID-19**: C'è stata una teoria ampliamente diffusa, ma infondata, secondo cui le torri 5G avrebbero diffuso il virus o avrebbero aggravato i sintomi del COVID-19. Questa teoria ha portato alla distruzione di diverse torri 5G in vari paesi.

3. **Vaccini**: Con lo sviluppo dei vaccini COVID-19, sono emerse teorie che suggerivano che i vaccini contenessero microchip per tracciare la popolazione, o che causassero effetti collaterali gravi e nascosti. Nonostante la vasta evidenza clinica sulla sicurezza e l'efficacia dei vaccini, queste teorie hanno ostacolato gli sforzi di vaccinazione in molte regioni.

Impatto sulla sanità pubblica:

1. **Rifiuto dei Vaccini**: A causa delle false informazioni sui vaccini, molte persone hanno scelto di non vaccinarsi, ostacolando gli sforzi globali per raggiungere l'immunità di gregge e prolungando la durata della pandemia.

2. **Misure di Precauzione Ignorate**: Teorie che minimizzavano la gravità del virus o che propagandavano false cure hanno portato alcune persone a ignorare le direttive sulla sanità pubblica, come l'uso di maschere, il distanziamento sociale e le misure di igiene. Questo ha portato a focolai e ha aumentato il numero di casi in molte aree.

3. **Pressione sulle strutture sanitarie**: La diffidenza verso le informazioni ufficiali e l'adozione di cure non comprovate ha spesso portato a un sovraccarico dei servizi sanitari, con pazienti che cercavano trattamenti inappropriati o evitavano il trattamento fino a quando la loro condizione non diventava critica.

La pandemia di COVID-19, con la sua portata globale e le sue ramificazioni in ogni aspetto della vita quotidiana, ha sollevato domande e preoccupazioni in molte persone, creando un terreno fertile per le teorie della cospirazione. La complessità della pandemia, unita alla vasta gamma di reazioni da parte dei governi e delle istituzioni, ha reso alcune persone sospettose e alla ricerca di "verità nascoste".

Disinformazione e Piattaforme Digitali: Mentre le teorie della cospirazione esistono da tempo, la diffusione di tali teorie è stata accelerata dalle piattaforme digitali. La personalizzazione dei feed di notizie, basata su algoritmi, ha spesso creato camere di eco, dove gli utenti vengono esposti a informazioni che rafforzano le loro credenze esistenti, indipendentemente dalla loro veridicità. Questa camera di eco ha amplificato ulteriormente le teorie della cospirazione, facendo sì che fossero viste da milioni in pochissimo tempo.

Impatto Economico: C'è stata anche una significativa quantità di speculazioni e teorie della cospirazione riguardo agli impatti economici della pandemia. Alcuni hanno suggerito che determinate nazioni o aziende hanno deliberatamente permesso al virus di diffondersi per trarne vantaggio economico. Altri hanno ipotizzato che l'intera pandemia fosse un piano orchestrato da elite globali per consolidare il potere economico e controllare le masse attraverso meccanismi come tracciamenti e lockdown.

Manipolazione dei Dati: Un altro tema popolare tra i cospirazionisti riguardava la manipolazione dei dati relativi al COVID-19. Mentre la maggior parte delle organizzazioni sanitarie globali e dei centri di ricerca ha lavorato incessantemente per fornire dati accurati, ci sono stati momenti in cui i dati sono stati corretti o aggiornati a causa di nuove informazioni o errori non intenzionali. Questi aggiustamenti, sebbene normali nel mondo della scienza, sono stati interpretati da alcuni come prova di una cospirazione per ingannare il pubblico.

Farmaci e Trattamenti: La corsa per trovare trattamenti efficaci e un vaccino ha anche portato alla diffusione di molte teorie. Alcuni sostenevano che rimedi casalinghi o farmaci esistenti potessero curare o prevenire il virus, spesso basandosi su aneddoti o ricerche preliminari. Quando le organizzazioni sanitarie hanno sconsigliato l'uso di tali trattamenti a causa della mancanza di prove, alcuni hanno visto questo come un tentativo di sopprimere una "cura" a favore di soluzioni più costose o profittevoli.

Organizzazioni Internazionali: Organizzazioni come l'Organizzazione Mondiale della Sanità (OMS) sono state al centro di molte teorie della cospirazione. La loro interazione con i governi nazionali, le raccomandazioni in evoluzione basate sulla ricerca emergente e le decisioni critiche prese durante la pandemia sono state scrutinate e, in alcuni casi, interpretate come parte di agende nascoste.

Questi sono solo alcuni dei numerosi filoni di teorie della cospirazione legate alla pandemia di COVID-19. L'ambiente di incertezza e paura ha reso molte persone più recettive alle spiegazioni alternative, spesso a discapito della comprensione e dell'azione informata.

Reazioni del Pubblico: Una cosa particolarmente interessante da notare durante la pandemia di COVID-19 è stata la varietà di reazioni del pubblico alle teorie della cospirazione. Mentre molte persone hanno abbracciato queste teorie come spiegazioni alternative a quelle fornite dai media mainstream e dalle autorità sanitarie, molte altre hanno rifiutato queste idee come infondate e potenzialmente pericolose. Questo divario nella percezione ha spesso seguito linee politiche, culturali o regionali, con alcuni gruppi più inclini a credere in teorie della cospirazione rispetto ad altri.

Influencers e Celebrità: Alcuni personaggi pubblici, tra cui celebrità, influencer dei social media e persino politici, hanno giocato un ruolo nel diffondere o sostenere teorie della cospirazione legate al COVID-19. Le loro piattaforme hanno permesso a queste teorie di raggiungere un pubblico molto più ampio e, in alcuni casi, di guadagnare legittimazione agli occhi di molti.

Bioingegneria e Origini del Virus: Una delle teorie più persistenti è stata quella riguardante l'origine del virus. Alcuni hanno suggerito che il virus non fosse di origine naturale, ma piuttosto il risultato di un esperimento di bioingegneria andato storto, o addirittura liberato intenzionalmente come arma biologica. Queste affermazioni, spesso basate su interpretazioni errate o fuorvianti di dati scientifici, hanno sollevato preoccupazioni e paura in molte persone.

Sfide Tecnologiche: La pandemia di COVID-19 è arrivata in un momento in cui la tecnologia gioca un ruolo centrale nelle nostre vite. App di tracciamento dei contatti, discussioni sulla privacy e sulla sorveglianza, e la dipendenza dalle piattaforme online per le notizie e le informazioni hanno tutti contribuito al clima di sfiducia. Queste sfide tecnologiche hanno offerto nuove opportunità per la diffusione di teorie della cospirazione, ma hanno anche sollevato domande legittime sul ruolo delle grandi aziende tecnologiche nella moderazione e nella gestione delle informazioni.

Contraccolpi contro la Comunità Scientifica: Mentre la comunità scientifica internazionale si è unita per cercare risposte e soluzioni alla pandemia, c'è stata anche una significativa quantità di diffidenza e scetticismo da parte di alcuni. Questo contraccolpo si è manifestato in vari modi, dal rifiuto dei consigli scientifici, alla diffidenza verso le farmaceutiche, fino all'opposizione ai lockdown e ad altre misure di sicurezza sanitaria.

Narrative Globali: La portata globale della pandemia ha anche portato ad una varietà di narrative e interpretazioni a livello internazionale. Mentre alcuni hanno visto l'emergenza come una prova dell'interdipendenza globale e della necessità di cooperazione internazionale, altri l'hanno interpretata come un segno dell'inefficacia delle istituzioni globali o come un'opportunità per promuovere agende nazionalistiche.

Tutte queste sfaccettature della pandemia di COVID-19 e delle teorie della cospirazione ad essa associate sottolineano la complessità della situazione e la necessità di un pensiero critico e di un'analisi accurata nell'era dell'informazione.

trumenti di Misinformazione: L'era digitale ha fornito una miriade di strumenti che possono essere utilizzati per diffondere disinformazione. Video manipolati, immagini fotoshoppate e post creati per apparire come fonti autentiche hanno inondato le piattaforme di social media. Questa sovrabbondanza di "prove" apparentemente autentiche ha reso molto più difficile per l'utente medio distinguere tra ciò che è reale e ciò che non lo è.

Teoria del Laboratorio di Wuhan: Una delle teorie più diffuse riguarda le origini del virus in un laboratorio di ricerca a Wuhan, in Cina. Sebbene la maggior parte degli scienziati abbia escluso questa possibilità, l'idea che il virus possa essere sfuggito accidentalmente o intenzionalmente da un laboratorio è stata alimentata da vari attori politici e media.

5G e COVID-19: Un altro esempio straordinario di teoria della cospirazione durante la pandemia è stata l'associazione tra le reti 5G e il COVID-19. Alcuni sostenevano che le onde radio emesse dalle torri 5G potessero trasmettere il virus o indebolire il sistema immunitario, rendendo le persone più suscettibili all'infezione. Questa teoria ha portato a atti di vandalismo contro le torri di telefonia in diverse parti del mondo.

Poteri Farmaceutici e Vaccini: Mentre la corsa per sviluppare un vaccino procedeva a ritmo sostenuto, molte teorie della cospirazione hanno cominciato a circolare riguardo al ruolo delle aziende farmaceutiche. Alcune di queste teorie suggerivano che le farmaceutiche avessero creato il virus per vendere il vaccino, mentre altre mettevano in dubbio l'efficacia e la sicurezza dei vaccini, sostenendo che potessero causare danni a lungo termine.

Cambiamenti Sociali e Ordine Mondiale: Alcune teorie della cospirazione non si sono concentrate sul virus stesso, ma piuttosto sui cambiamenti sociali e politici che sono seguiti alla pandemia. Si sosteneva che il COVID-19 fosse un pretesto per stabilire un nuovo ordine mondiale, limitare le libertà civili o introdurre sistemi di sorveglianza più invasivi.

Tendenze Culturali e Reazioni: In diverse culture, la pandemia ha risvegliato antiche paure e superstizioni. In alcune aree, ci sono stati attacchi contro persone considerate responsabili della diffusione del virus, o contro gruppi etnici o religiosi ingiustamente associati al COVID-19.

Confronto tra Paesi: La gestione della pandemia ha variato notevolmente da un paese all'altro, e ciò ha dato origine a confronti e speculazioni. Mentre alcuni paesi sono stati elogiati per la loro risposta efficace, altri sono stati criticati. Queste differenze hanno portato a teorie sulla manipolazione dei dati, sulla realtà della gravità della pandemia e sulle possibili motivazioni politiche dietro le decisioni sanitarie.

La vastità e la complessità delle teorie della cospirazione emerse durante la pandemia di COVID-19 sottolineano l'importanza di una comunicazione chiara, trasparente e basata su prove scientifiche durante le crisi sanitarie globali. La diffusione di false informazioni non solo può ostacolare gli sforzi per contenere la malattia, ma può anche avere gravi conseguenze per la coesione sociale e la fiducia nelle istituzioni.

La pandemia di COVID-19 ha rappresentato uno degli eventi più impattanti e tumultuosi del 21° secolo, influenzando ogni aspetto della società, dall'economia alle relazioni interpersonali, dall'organizzazione del lavoro alle dinamiche politiche. In mezzo a questo scenario di incertezza e paura, la comparsa e la diffusione di teorie della cospirazione era quasi inevitabile, poiché l'essere umano, di fronte a situazioni di insicurezza, tende a cercare spiegazioni alternative per dare un senso a eventi apparentemente incomprensibili.

La velocità con cui queste teorie si sono diffuse è stata esacerbata dalle moderne tecnologie di comunicazione. I social media, in particolare, hanno giocato un ruolo cruciale. Hanno offerto una piattaforma per la rapida condivisione e amplificazione di idee, senza la necessità di verifica o filtro. Questo ambiente ha facilitato la proliferazione di informazioni false o fuorvianti.

Le teorie che sono emerse riguardo al COVID-19 variano notevolmente per natura e origine. Alcune sono nate da interpretazioni errate o fuorvianti di dati scientifici, altre da preoccupazioni legittime distorte o esagerate, e altre ancora da pura speculazione o intenti maliziosi. L'idea che il virus potesse essere collegato alle reti 5G, o che potesse essere stato rilasciato intenzionalmente da un laboratorio, sono esempi di teorie senza fondamento solido che hanno guadagnato trazione a livello globale.

Ma queste teorie non sono semplicemente innocue speculazioni. Hanno avuto un impatto tangibile sulla sanità pubblica e sulla società in generale. La diffidenza nei confronti dei vaccini, ad esempio, ha potuto rallentare gli sforzi di vaccinazione e ha contribuito a prolungare la crisi in alcune aree. Le teorie della cospirazione hanno anche influenzato comportamenti individuali e collettivi, portando a incidenti come gli attacchi alle torri 5G o a episodi di discriminazione e violenza verso determinati gruppi etnici o nazionalità.

In conclusione, il fenomeno delle teorie della cospirazione legate alla pandemia di COVID-19 mette in evidenza la complessa interazione tra informazione, percezione e comportamento nella società moderna. Dimostra la necessità di una comunicazione chiara, accurata e tempestiva da parte delle autorità e delle organizzazioni sanitarie, ma sottolinea anche l'importanza dell'educazione critica e della formazione mediatica tra il pubblico generale. In un mondo sempre più interconnesso e digitalizzato, la capacità di discernere le informazioni affidabili da quelle fuorvianti o false diventa una competenza essenziale per garantire il benessere e la coesione sociale.

Le teorie della cospirazione, se non affrontate, possono avere conseguenze gravi, dal minare la fiducia nelle istituzioni, a guidare comportamenti socialmente dannosi o addirittura violenti. Per questo motivo, è essenziale sviluppare ed implementare strategie efficaci per contrastare la diffusione e l'adesione a queste teorie. Ecco una panoramica delle strategie di contrasto, focalizzate su educazione, sensibilizzazione e responsabilità dei media.

Educazione e Sensibilizzazione

1. **Pensiero Critico**: L'educazione dovrebbe avere un forte focus sullo sviluppo del pensiero critico. Gli studenti devono essere equipaggiati con gli strumenti necessari per analizzare e valutare le informazioni in modo obiettivo e logico. Attraverso esercizi, dibattiti e studi di caso, possono imparare a riconoscere i pregiudizi, le falsità e le logiche fallaci.
2. **Formazione Mediatica**: In un'era dominata dai media digitali, la capacità di navigare,

comprendere e valutare criticamente il contenuto mediatico è fondamentale. Gli studenti dovrebbero essere educati sul funzionamento dei motori di ricerca, sui meccanismi degli algoritmi dei social media e su come le bolle informative si formano.

3. **Storia delle Teorie della Cospirazione**: Conoscere le teorie della cospirazione del passato può aiutare le persone a riconoscere i modelli e le tattiche utilizzate dai propagatori di teorie moderne. Questa comprensione storica può anche servire come deterrente, mostrando le potenziali conseguenze dannose delle false credenze.

La Responsabilità dei Media

1. **Standard di Giornalismo Etico**: È essenziale che i media mantengano e promuovano standard di giornalismo etico. Questo include la verifica accurata delle informazioni, l'evitare titoli sensazionalistici e la citazione di fonti affidabili.

2. **Contrasto delle Fake News**: Piattaforme come Facebook, Twitter e Google hanno una responsabilità nell'identificare e ridurre la diffusione di notizie false o fuorvianti. Questo può essere fatto attraverso l'uso di algoritmi

avanzati, fact-checking e segnalazioni da parte degli utenti.

3. **Promuovere Voci Esperte**: In tempi di crisi o confusione, i media dovrebbero dare priorità alle voci degli esperti. Per esempio, durante una pandemia, le opinioni di virologi, epidemiologi e professionisti sanitari dovrebbero essere messe in primo piano.

4. **Dialogo Aperto e Trasparenza**: I media dovrebbero incoraggiare il dialogo aperto e la trasparenza, permettendo la discussione e la critica costruttiva. Questo aiuta a costruire fiducia e riduce lo spazio per teorie speculative. Le strategie per contrastare le teorie della cospirazione sono essenziali nella società moderna, e la chiave per una loro efficacia risiede in un approccio olistico che coinvolga varie sfere della vita pubblica.

Dialogo Interpersonale

Il potere del dialogo face-to-face non può essere sottovalutato. Le conversazioni dirette, condotte con empatia e ascolto attivo, possono contribuire a sfidare le convinzioni errate. Ecco alcune tecniche che possono essere utilizzate:

- **Empatia e Ascolto**: Quando le persone sentono di essere ascoltate e comprese, sono più inclini ad aprire la loro mente a nuove informazioni. Evitare di discutere in modo aggressivo o derisorio, poiché ciò può portare a ulteriore resistenza.
- **Fornire Esempi Concreti**: Gli esempi tangibili e storie personali possono essere più persuasivi delle semplici statistiche o fatti.
- **Riconoscimento di Verità Parziali**: Alcune teorie della cospirazione possono contenere granelli di verità. Riconoscere questi aspetti può aiutare a costruire un ponte verso una comprensione più ampia e precisa.

Campagne di Sensibilizzazione Pubblica

Le campagne di sensibilizzazione pubblica possono rivolgersi a un pubblico ampio, utilizzando diversi canali per raggiungere persone di tutte le età e i ceti sociali.

- **Testimonianze**: Presentare storie di persone che una volta credevano in teorie della cospirazione, ma che hanno poi cambiato idea, può offrire una prospettiva potente e persuasiva.

- **Infografiche e Contenuti Visivi**: La gente spesso risponde meglio alle informazioni visive che al testo. Infografiche chiare e ben progettate possono scomporre argomenti complessi in formati facilmente digeribili.

Collaborazione con Piattaforme Online

Le piattaforme online, in particolare i social media, sono un terreno fertile per la diffusione di teorie della cospirazione. Tuttavia, possono anche essere utilizzate come strumenti per combatterle.

- **Webinar e Formazione**: Organizzare sessioni di formazione online per educare il pubblico su come riconoscere e contrastare le false informazioni.
- **Collaborare con Influencer**: Gli influencer possono avere un impatto significativo sulle opinioni dei loro follower. Lavorare con loro per promuovere informazioni accurate può ampliare la portata dell'educazione.

Approcci Legislativi

L'approccio legislativo è delicato, dato che interagisce con la libertà di espressione.

Tuttavia, ci sono misure che possono essere prese:

- **Leggi sulla Diffamazione**: Rafforzare le leggi sulla diffamazione può scoraggiare la diffusione di false informazioni che possono danneggiare individui o organizzazioni.
- **Responsabilità delle Piattaforme**: Le piattaforme online possono essere incoraggiate o obbligate a prendere misure contro la diffusione di disinformazione.

La sfida delle teorie della cospirazione è vasta e in continua evoluzione, e richiede una risposta altrettanto dinamica e multidimensionale. Attraverso una combinazione di educazione, comunicazione, collaborazione e, se necessario, interventi legislativi, è possibile costruire una società più informata e resiliente.

Contrastare le teorie della cospirazione è un'impresa complessa che richiede un'azione coordinata su diversi fronti. Mentre l'espansione dell'era digitale ha amplificato la portata e la velocità con cui queste teorie possono diffondersi, ha anche fornito nuovi strumenti e metodi per combatterle. La chiave per affrontare efficacemente questo fenomeno risiede nell'adottare una strategia olistica, che integri approcci psicologici, educativi, mediatici e legislativi.

L'**educazione e la sensibilizzazione** sono la prima linea di difesa. Insegnare alle persone a pensare in modo critico, a valutare le fonti e a riconoscere i segni delle false informazioni può impedire che queste idee prendano piede in primo luogo. Tuttavia, l'educazione non si ferma nelle aule scolastiche. Le campagne di sensibilizzazione pubblica, sostenute da organizzazioni governative, ONG e altri gruppi, possono raggiungere un pubblico più ampio, fornendo informazioni accurate e sfidando direttamente le narrazioni errate.

I **media** svolgono un ruolo cruciale in questo ecosistema. Hanno la responsabilità non solo di fornire informazioni accurate, ma anche di correggere attivamente le false narrazioni. La collaborazione con piattaforme online, in particolare, è essenziale dato il loro ruolo nella diffusione di teorie della cospirazione. Le piattaforme social possono adottare algoritmi per ridurre la visibilità di contenuti ingannevoli e promuovere informazioni accurate. Inoltre, possono collaborare con esperti esterni per verificare i contenuti e fornire contesto dove necessario.

L'aspetto **legislativo** non può essere ignorato. Mentre la libertà di espressione è un diritto fondamentale, ci sono limiti, specialmente quando la disinformazione può causare danni tangibili. Le leggi possono essere modellate per bilanciare questi diritti con la necessità di proteggere il pubblico.

In conclusione, contrastare le teorie della cospirazione richiede un approccio multi-faceted che consideri la complessità del problema. Non esiste una soluzione unica, ma con sforzi combinati da parte di educatori, media, piattaforme online e legislatori, si può costruire una resistenza collettiva contro la marea di disinformazione. La chiave è l'azione collaborativa: ogni segmento della società ha un ruolo da svolgere per garantire che la verità prevale.

19. Conclusioni • Lezione imparate. • Il futuro delle teorie della cospirazione.

Conclusioni

Le teorie della cospirazione non sono un fenomeno nuovo, ma la loro portata e il loro impatto sono aumentati esponenzialmente con l'avvento dei media digitali. La loro esistenza e persistenza sono il risultato di una complessa interazione di fattori psicologici, sociali, politici e tecnologici. Attraverso l'analisi approfondita dei diversi aspetti di questo fenomeno, possiamo trarre alcune lezioni importanti e riflettere sul futuro delle teorie della cospirazione.

Lezione imparate:

1. **Comprensione profonda:** Per combattere efficacemente le teorie della cospirazione, è essenziale comprenderne le radici e le motivazioni. La paura, l'insicurezza, il bisogno di trovare un nemico o una spiegazione semplice a problemi complessi sono solo alcune delle ragioni psicologiche alla base di tali credenze.
2. **L'importanza dell'educazione critica:** Insegnare alle persone a pensare in modo critico, valutare le fonti e discernere tra informazioni accurate e disinformazione è fondamentale. L'istruzione non si limita

all'ambito scolastico, ma deve permeare la società a tutti i livelli.

3. **Responsabilità dei media:** I media hanno un ruolo cruciale nell'informare il pubblico. Devono essere consapevoli dell'impatto che possono avere e lavorare attivamente per fornire informazioni accurate e bilanciate.

Il futuro delle teorie della cospirazione:

1. **Persistenza e adattabilità:** Anche se le teorie della cospirazione sono antiche come l'umanità stessa, si adattano costantemente ai tempi. Con l'emergere di nuove tecnologie e l'evoluzione della società, nuove teorie della cospirazione emergeranno inevitabilmente, adattandosi al contesto attuale.

2. **Maggiore interconnettività, maggiore diffusione:** L'interconnettività offerta dalla globalizzazione e dalla tecnologia significa che le teorie possono diffondersi più rapidamente che mai. Questo rappresenta una sfida significativa per gli sforzi di debunking e correzione.

3. **Potenziale per una maggiore resistenza:** Con l'incremento della consapevolezza e degli sforzi educativi, c'è anche una maggiore opportunità per costruire una società più

resistente alle false narrazioni. L'istruzione critica e la promozione della verità saranno sempre più essenziali nel plasmare il futuro.

In conclusione, le teorie della cospirazione rimarranno una parte persistente del tessuto sociale, ma con una comprensione approfondita, un'educazione efficace e una responsabilità mediatica, la società può essere meglio attrezzata per affrontare e mitigare il loro impatto. La chiave sarà mantenere un impegno collettivo per la verità, la razionalità e l'umanità condivisa.

Conclusione: Teorie della Cospirazione - Una Panoramica Approfondita

Le teorie della cospirazione sono parte integrante della cultura e della storia umane. Questo libro ha cercato di presentare un'analisi esaustiva del fenomeno, esplorando sia le sue origini che le sue manifestazioni contemporanee. Abbiamo viaggiato attraverso:

1. **Introduzione storica:** Da dove nascono le cospirazioni e come sono cambiate nel tempo.

2. **Mezzi di diffusione:** L'evoluzione dei media tradizionali e l'ascesa dei social media come veicoli di diffusione.
3. **Teorie Popolari:** Dall'influenza degli Illuminati alle misteriose teorie sull'Ufologia.
4. **Fattori Psicologici:** L'innata necessità umana di trovare significato, ordine e talvolta un nemico.
5. **Impatto Sociale:** Le cospirazioni e le loro ripercussioni sulla fiducia nel sistema e nelle decisioni politiche.
6. **Scienza ed Educazione:** La lotta tra fatti supportati da prove e convinzioni radicate.
7. **Casistiche Famose:** Eventi storici che hanno alimentato numerose teorie cospirative.
8. **Economia e Potere:** Come alcune famiglie e organizzazioni sono diventate il centro di molte cospirazioni.
9. **Religione:** Cospirazioni che si intrecciano con le credenze religiose.
10. **Cultura Popolare:** La rappresentazione delle cospirazioni in film, musica e letteratura.
11. **Tecniche di Debunking:** Strumenti e metodi per sfatare teorie infondate.
12. **Politica:** Come le cospirazioni possono influenzare l'opinione pubblica e le decisioni politiche.

13. **Il pericolo delle false informazioni:** L'era delle fake news e le sue conseguenze.
14. **Caso Studio - Pandemia:** L'emergere di teorie cospirative durante crisi sanitarie globali.
15. **Strategie di contrasto:** L'importanza dell'educazione e il ruolo dei media nell'affrontare la disinformazione.
16. **Conclusioni e Riflessioni:** Lezioni apprese e pensieri sul futuro delle teorie cospirative.
17. **Bibliografia e Fonti:** Una guida alle risorse utilizzate e consigliate.

Guide e Risorse Utili:

Per coloro che desiderano approfondire ulteriormente, ecco alcuni siti web e guide utili:

1. **Skeptical Inquirer (www.csicop.org/si):** Una rivista dedicata alla promozione della scienza e della ragione, che affronta regolarmente teorie della cospirazione.
2. **FactCheck.org:** Una risorsa che si dedica alla verifica dei fatti e alla sfatazione di informazioni false o fuorvianti.
3. **Snopes (www.snopes.com):** Uno dei primi siti di fact-checking, focalizzato sulla verifica di leggende urbane, voci e teorie cospirative.

4. **The Conspiracy Theory Handbook:** Una guida che offre strumenti per capire e sfidare teorie cospirative.
5. **Media Education Foundation (www.mediaed.org):** Una risorsa dedicata all'analisi critica dei media.

Ricorda sempre di avvicinarti a qualsiasi argomento con una mente aperta ma critica, valutando le fonti e riflettendo sulle informazioni prima di trarre conclusioni. In un'era in cui l'informazione è a portata di mano, è fondamentale imparare a discernere tra fatti e finzione.